生涯学

黄东显 刘婷婷 著

九州出版社
JIUZHOUPRESS

图书在版编目（CIP）数据

生涯学 / 黄东显，刘婷婷著. -- 北京 : 九州出版社，2023.10
ISBN 978-7-5225-2428-3

Ⅰ.①生… Ⅱ.①黄… ②刘… Ⅲ.①职业选择—研究 Ⅳ.①C913.2

中国国家版本馆CIP数据核字(2023)第205204号

生涯学

作　　者	黄东显　刘婷婷　著
责任编辑	杨鑫垚
出版发行	九州出版社
地　　址	北京市西城区阜外大街甲 35 号（100037）
发行电话	(010)68992190/3/5/6
网　　址	www.jiuzhoupress.com
印　　刷	永清县晔盛亚胶印有限公司
开　　本	710 毫米 ×1000 毫米　16 开
印　　张	14.5
字　　数	227 千字
版　　次	2023 年 10 月第 1 版
印　　次	2023 年 10 月第 1 次印刷
书　　号	ISBN 978-7-5225-2428-3
定　　价	78.00 元

前　言

　　生涯学是一门独特而重要的学科，它关乎每个人的发展与成长。在本书的前言中，笔者将带领读者探索生涯学的精髓，揭示它对个人和社会的意义以及如何应用于现实生活中。

　　首先，生涯不等同于职业生涯。生涯是一个广泛的概念，指的是一个人在一生中所经历的各个阶段的工作、学习和成长的过程。它强调对个人整体发展的关注，包括职业发展、教育经历、个人成长和生活层面等。职业生涯是生涯的一个特定方面，指的是一个人在专业领域或特定行业中的职业发展路径，关注的是个人在职业领域中的角色、职位和专业能力的发展。职业生涯是生涯的重要组成部分，但不是生涯的全部。厘清这个区别，有助于我们更好地理解生涯学。

　　其次，本书初步界定了生涯学的概念。生涯学是研究个体在职业和生活中的发展过程的学科，它关注个人在不同阶段的人生选择、职业发展和生涯规划等问题，涉及心理学、教育学、社会学、人力资源管理等多个学科，旨在帮助个体更好地了解自己的兴趣、能力、价值观和职业目标，从而在不断变化的职场和社会环境中实现职业价值和自我发展。生涯学的概念不仅仅局限于职业领域，还包括个体在教育、家庭、社交和其他生活领域中的发展，个体的职业生涯与其他生活领域密切相关、相互影响。

　　再者，生涯学对社会的意义不可忽视。生涯是一个较长时间跨度的概念，通常涉及多个职业和角色的转变，以及人生不同阶段的各种取舍和选择。一个充满活力和幸福感的社会需要每个人都能找到自己的定位，发挥自己的潜力。生涯学关注个体的工作满意度和自我实现，工作满意度指个体对工作中自身满意程度的评价，自我实现则指个体实现个人价值和人生目标的过程。生涯学不仅关注个体的职业发展，更关注个体的社会责任感和对社会的贡献。通过生涯学的研究和实践，我们可以为社会提供更多人才资源，推动社会的发展和进步。

最后，我们要在日常生活中灵活应用生涯学的理念和方法。生涯发展是一个漫长而复杂的过程，需要我们持之以恒地进行思考和行动。生涯规划是对个人整体生涯发展进行规划和管理，关注个人包括职业在内的各个领域的平衡和发展。我们可以通过了解自己的兴趣和能力，定期评估自己的人生目标，不断调整和更新自己的生涯规划。此外，与他人交流和分享经验也是非常重要的，我们可以借鉴他人的人生经历，从中获得启示和帮助。

总之，生涯学是一门关于个体发展与成长的重要学科，对个人和社会有着深远的意义，并且可以被广泛应用于现实生活中。希望通过阅读本书，读者能更加深入地了解生涯学的精髓，建立积极健康的职业观和人生观，并将其运用于生活中，实现自己的职业目标和人生价值。让我们一起开启精彩的生涯学之旅吧！

序

  生涯学，顾名思义，是探索和研究一个人的生涯发展的学科。在这个充满竞争和变化的时代，越来越多的人开始关注自己的生涯发展，并希望找到一条既能追求事业成功，又能实现个人价值的道路。本书旨在为读者提供全面的、系统的理论和案例来引导他们进行生涯规划和管理。通过对个人特质、价值观、兴趣和技能进行深入剖析，我们能够更好地了解自己，并做出与个人优势相匹配的职业选择。同时，本书也强调了个人的成长和发展，在追求职业成功的同时，不忽视自身的成长与幸福。

  本书共分为四大部分，从生涯的概念和意义出发，深入探讨了生涯学的理论体系以及实践方法。第一部分主要介绍了生涯学基础，引导读者思考人生的目标和追求，包括前三章的内容。介绍了生涯学的起源、发展和研究方法，以及生涯学对个体和社会的重要性；探讨了生涯学的理论体系，包括职业选择理论、职业发展理论、生涯规划理论和生涯发展理论等；阐述了生涯规划与生涯管理的核心概念和方法，包括自我认识、职业探索、目标设定，以及个人与组织生涯的互动等。本部分从宏观层面介绍了生涯学，探讨了其在个人与社会发展中的重要性，并尝试构建生涯学的理论体系，深入分析了个人成长与职业选择之间的关系。

  第二部分探讨了生涯教育与辅导，包括第四章和第五章的内容。介绍了生涯教育与生涯辅导的重要性和实践方法，包括生涯教育的理念与实践、生涯辅导的原则与技巧等，旨在帮助个体实现自我认知、职业发展和生涯规划；对生涯咨询与评估工具进行了详细说明，包括职业兴趣测试、能力与潜能评估和职业价值观测量等，这些工具将帮助个人进行自我评估和职业选择，更好地应对职业生涯中的挑战和机遇。生涯教育和辅导是一个重要且复杂的过程，对个人的职业发展和人生道路有着深远的影响。本部分以实用的方式教授读者如何做出明智的生涯规划，包括信息收集、分析、选择和解决冲突等方面的技巧，这些技巧不仅适用于学生，也适用于各个职业阶段的人们。

第三部分介绍了生涯发展与职业生涯，包括第六章、第七章和第八章的内容。关注职业生涯的规划与发展，介绍了职业选择、职业发展计划和职业生涯规划评估等关键问题；探讨了家庭生涯规划与实践，包括家庭对个体生涯发展的影响、家庭生涯规划的要素、定位以及案例分析；讨论了学校生涯教育与改进，通过开展一系列有组织、有计划的教育活动，使学生提升对自我、学业、职业的认识，掌握生涯规划的方法和技能。本部分强调生涯发展中的平衡和幸福，并在此基础上提出了生涯太极理论和生涯融合理论，从全新的视角解读生涯的本质和动力。职业成功与家庭幸福是相辅相成的，只有在工作和生活之间找到平衡，我们才能真正实现人生的目标，获得满足感。

第四部分关注的是生涯发展的未来趋势，包括第九章、第十章和第十一章的内容。着眼于跨文化生涯发展与管理，探讨了跨文化和国际生涯的特点、机遇以及应对策略；分析了生涯发展的趋势与挑战，包括技术发展、多元文化和社会变革的影响；总结并展望了生涯学的研究前沿，包括生涯学的研究热点趋势、跨学科生涯研究与合作，以及生涯学的未来发展方向等。我们生活的世界正处于快速变化和不确定性之中，这对于个人的生涯发展提出了全新的挑战。个人需要具备更加灵活和创新的思维方式，不断适应和创造新的职业机会。本部分展望了生涯发展的趋势和挑战，讨论了新兴的职业领域和技能需求，希望能够为读者开阔眼界，抓住新的机遇，也希望能够激发更多的研究和实践。

本书重视理论与实践的结合，旨在帮助读者找到适合自己的生涯道路，并实现职业成功和家庭幸福的双赢。无论是正在寻找人生方向的学生，还是已经工作多年的职场人士，本书都将为他们提供有价值的指导和启示。在这个快节奏的社会中，我们时常忽略了对自我的探索，本书将引领您启动一次关于自我的冥想和思考之旅，帮助您构建有意义、充实且令人满意的生涯。

祝愿每一位读者都能通过本书的指导获得职业上的成功与个人生活的幸福！

黄东显　刘婷婷

2023 年 9 月 16 日

目 录

第一章　生涯学概述

生涯学是一个综合性学科，研究个人在职业发展和生涯规划方面的知识、技能和行为，涵盖了心理学、教育学、社会学和人力资源管理等多个学科的理论和实践。它关注个体在整个职业生涯中所遇到的挑战和决策，以及如何实现人生目标和个人满意度。通过生涯学的学习和实践，个体可以更好地规划人生道路，做出明智的职业决策，并持续地适应和发展。

第一节　生涯学的发展历程

一、生涯与职业生涯

生涯是一个广泛的概念，指的是个人在一生中所经历的各个阶段的工作、学习和成长的过程。它强调对个人整体发展的关注，包括职业发展、教育经历、个人成长和生活层面等。生涯是一个较长时间跨度的概念，通常涉及多个职业和角色的转变，以及人生不同阶段的取舍和选择。

职业生涯是生涯的一个特定方面，指的是个人在专业领域或特定行业中的职业发展路径。它关注的是个人在职业领域中的角色、职位和专业能力的发展。职业生涯既涉及从初级岗位到高级管理职位的晋升，也涉及在同一职业领域内不同公司或组织之间的转换。

总的来说，生涯和职业生涯是相关但不完全相同的两个概念，生涯包括职业发展、教育经历、个人成长和生活层面等。职业生涯只是生涯中的一个专业领域，是生涯的一个重要组成部分，但不是生涯的全部。

二、生涯规划与职业生涯规划

生涯规划是指对个人整体生涯发展进行规划和管理的过程。它包括对个人兴趣、价值观、技能和目标进行评估，探索适合自己的职业领域，并制订实现人生目标的行动计划。生涯规划更加综合性，强调个人在职业以外的领域（如教育、家庭、社交等）的平衡和发展，关注整体生活质量的提升。

职业生涯规划是生涯规划中的一个重要组成部分，侧重于个人在特定职业领域中的职业发展路径和目标。它包括对职业需求、行业趋势和职业发展机会的了解，以及制订短期和长期的职业目标和计划。职业生涯规划更专注于职业发展的方向和策略，涉及具体的职位晋升、技能培养和工作经验的获取。

总的来说，生涯规划和职业生涯规划是密切相关的两个概念，但在范围和重点上存在一些区别。生涯规划是对个人整体生涯发展进行规划和管理，关注个人在各个领域的平衡和发展，包括职业。职业生涯规划是生涯规划的一部分，帮助个人更加有针对性地实现职业目标和成长。

三、生涯学的概念

生涯学是研究个体在职业和生活中的发展过程的学科，它关注个人在不同阶段的人生选择、职业发展和生涯规划等问题，涉及心理学、教育学、社会学、人力资源管理等多个学科，旨在帮助个体更好地了解自己的兴趣、能力、价值观和职业目标，从而在不断变化的职场和社会环境中实现职业价值和自我发展。

生涯学的概念和发展与人们对职业发展和生活规划的关注密切相关。生涯学的核心观念之一是人生观与职业观。人生观指个体对人生目标、价值观和目的的整体认识，职业观则指个体对职业的评价、态度和期望。人生观和职业观互相影响、相互作用，决定了一个人对职业生涯的追求和选择。生涯学关注个体如何建立积极健康的人生观和职业观，并通过教育和指导帮助人们实现职业发展，获得满足感。生涯学的应用领域广泛，包括教育、组织管理、人力资源开发等。在教育领域，生涯学可以帮助学生更好地了解自己的兴趣和能力，并做出适合自己的职业选择和规划。在组织管理领域，生涯学可以帮助员工更好地发展自己并提升职业满意度，从而提高组织的绩效和竞争力。在人力资源开发领域，生涯学可以帮助企业为员工提供有效的职业发展支持和资源，从而提高员工的忠诚度和工作动力。

随着社会和经济的发展，人们对职业生涯的需求和期望发生了变化，生涯学逐渐从职业选择和指导扩展到职业发展、生涯规划和生涯管理等方面。20世纪中后期，生涯学理论和实践得到了快速发展，出现了许多重要的生涯发展理论，如霍兰德的职业兴趣理论、舒伯的生涯发展理论等。生涯学关注个体的工作满意度和自我实现，工作满意度指个体对工作中自身满意程度的评价，自我实现则指个体实现个人价值和目标的过程。生涯学研究工作满意度的影响因素和提升策略，帮助个体改善工作和生活状况，实现工作满意度和自我实现的目标。生涯学的概念不仅仅局限于职业领域，还包括个体在教育、家庭、社交和其他生活领域中的发展，个体的职业生涯与其他生活领域密切相关，相互影响。

近年来，职业发展日益复杂化和多样化，个体需要面对不断变化的职业市场和职业机会，同时还要应对技术革新、全球化和社会变革等挑战。生涯学面临着新的挑战和机遇，一方面，个体需要在更加复杂和多元的职业环境中进行生涯规划和发展；另一方面，组织和社会也需要关注员工的生涯发展，以提高员工满意度和组织绩效。因此，生涯学的研究和实践越来越受到重视，涉及个人生涯规划、组织生涯管理、生涯教育和辅导、跨文化生涯发展等多个领域。未来，生涯学将继续关注个体、组织和社会在职业生涯发展中的需求和挑战，为人们提供更加有效的理论和实践支持。

四、生涯学的起源

1909年，美国心理学家弗兰克·帕森斯出版了《选择职业》一书，明确了职业选择的基本原则和方法，提出了"职业导向性理论"，将职业选择与个体的兴趣、能力和价值观联系起来，这标志着生涯学的起源，也为后来的生涯学研究奠定了基础。

随着时间的推移，生涯学的研究范围逐渐扩大。20世纪50年代和60年代，心理学家唐纳德·舒伯提出了"生涯发展理论",卡茨提出了"职业决策理论"。他们认为个体的生涯发展是一个动态的过程,受到个体与环境之间相互作用的影响,生涯学开始注重个体在不同发展阶段的需求和挑战。约翰·霍兰德从兴趣的角度探索职业指导的问题,提出了具有广泛社会影响的职业兴趣理论,使人们对职业兴趣的认识有了质的变化。

随着社会变革的加速和职业形态的多样化,生涯学的研究也更加关注个体在不同生活领域的发展和平衡。20世纪70年代和80年代,美国心理学家阿尔伯特·班杜拉提出了社会学习理论,分析了个人独特的学习经验对其人格与行为的影响;施恩提出了职业锚理论,是一种以个人为出发点的职业生涯选择理论,对个体在职业选择和职业发展中起到重要的指导作用;舒伯提出了生涯彩虹图理论,根据职业生涯发展阶段与角色描绘出一个生涯发展的综合图形,形象地展现了生涯发展的时空关系。

到了21世纪,随着全球化和技术革新的推进,生涯学的研究和应用领域也面临新的挑战和机遇。越来越多的人开始关注跨文化职业发展和在线职业咨询等新兴领域。同时,生涯学也逐渐与其他学科,如教育学、社会学和经济学等进行交叉研究,为个体的生涯发展提供更全面的支持。

总之,生涯学的起源和发展可以追溯到20世纪初,经历了从职业选择到生涯发展的转变,从个体需求到环境因素的关注,从传统咨询到跨学科研究的演变。随着社会的不断变化和个体需求的不断演进,生涯学将继续发展并提供更多有效的支持和指导。

五、生涯学的发展

生涯学的发展得益于职业指导的兴起。20世纪初,职业指导开始在教育系统中得到应用,帮助学生选择合适的职业道路。随着社会的变迁和经济的发展,职业指导的需求不断增加,生涯学也逐渐受到关注。过去几十年里,生涯学在理论和实践上都有了长足的发展。

在理论方面,生涯学涉及多个学科领域,如心理学、教育学、社会学和管理学等。生涯学的核心理论包括职业选择理论、职业发展理论、生涯规划理论和生涯发展理论等。代表性的理论有霍兰德的职业兴趣理论、舒伯的生涯发展理论、施恩的职业锚理论、布鲁姆的认知层次理论等。这些理论为个体的职业发展提供了框架和指导，为生涯学的研究和实践提供了理论基础，并帮助人们更好地理解和应对职业生涯中的挑战和机遇。

在实践方面，生涯学的应用价值逐渐被人们所认可。生涯学的研究和实践广泛应用于教育、职业指导、人力资源管理等领域。生涯教育和辅导作为生涯学的重要实践手段，在教育系统中得到广泛推广，例如，在学校教育中，生涯学可以帮助学生了解自己的兴趣、能力和价值观，从而做出更好的职业选择和生涯规划；在组织管理中，生涯学可以帮助员工发展职业技能和职业发展路径，提高员工的工作满意度和组织绩效。

生涯学的发展还受到社会变革和技术进步的影响。随着社会经济的全球化和多元化，个体面临着更多的职业选择和生涯发展机会，同时也面临着更大的不确定性和挑战。技术的快速发展为生涯学的研究和实践提供了新的机遇和挑战，如在线职业咨询和虚拟现实技术在生涯学中的应用。同时，跨文化生涯发展成为生涯学研究的一个重要方向。不同文化背景下个体的职业选择和发展不同，跨文化生涯发展的研究旨在探讨不同文化背景下的个体发展和适应策略。

生涯学的发展趋向。随着职业形态变得越来越多元化，未来的生涯学需要关注新兴的职业领域和职业形态，帮助个体适应职业发展的变化；科技的快速发展为生涯学的研究和实践提供了新的机遇，生涯学可以借助人工智能、大数据等技术手段，开展更精确的职业测评和生涯规划；跨文化生涯发展的研究已经成为重要的研究方向，未来的生涯学将更加关注全球化的视野，研究不同文化背景下个体的职业发展和适应策略；生涯学是一个跨学科的领域，需要整合心理学、教育学、社会学等多个学科的研究成果，未来的生涯学将加强不同学科之间的合作，促进知识的整合和交流。

综上所述，生涯学是一个独立的学科领域，关注个体在职业和生活中的发展过程，与人们对职业发展和生活规划的关注密切相关。通过理论研究和实践应用，生涯学为个体的发展提供指导，并帮助人们进行生涯规划。随着社会变革和技术进步的影响，生涯学将继续发展并为个体和社会带来更多的价值。

第二节　生涯学的学科定位

一、生涯学的定位概述

生涯学作为一门独特且重要的学科，关乎每个人的人生发展与成长，主要研究个体在不同阶段的生命中进行人生选择、职业发展和生涯规划的过程。它不再局限于职业生涯，而是探讨个体在整个人生过程中的成长、发展和决策。它关注个体在职业和生活领域的发展与成长，并提供相关的理论和方法帮助人们更好地管理和规划自己的生涯。同时，生涯学还研究个体在职业领域中的自我认知和自我管理，以及组织生涯管理和学校生涯教育的策略和方法。生涯学的研究和实践对于个体实现职业发展和生涯规划具有重要的意义。

首先，生涯学是帮助个体实现人生发展的学科。在现代社会，个体发展已经成为一个重要的问题。人们追求稳定的工作、良好的收入以及个人成长和满足感。生涯学通过研究个体的人生选择、职业发展和生涯规划等，为人们提供指导和帮助，以便更好地实现职业目标和人生梦想。

其次，生涯学是研究个体在不同生命阶段职业发展和生涯规划的学科。个体的职业发展并不是一成不变的，会随着时间的推移和个人经历的积累而变化。生涯学通过研究不同生命阶段的职业发展和生涯规划的特点和规律，帮助人们更好地应对职业发展中的各种挑战和问题。

再次，生涯学是研究个体在职业领域中的自我认知和自我管理的学科。在职业发展的过程中，个体需要对自己的兴趣、价值观、能力和潜力等有一个清晰的认识，并通过自我管理实现职业目标。生涯学通过研究个体的自我认知和自我管理，提供相关理论和方法，帮助人们更好地了解自己，做出适合自己的职业选择和规划。

最后，生涯学是研究组织生涯管理和学校生涯教育的学科。随着社会的发展，组织和学校对于个体的职业发展和生涯规划起到了重要的作用。生涯学通过研究组织生涯管理和学校生涯教育的策略和方法，提供相关理论和实践，帮助组织和学校更好地支持个体的职业发展和生涯规划。

二、生涯学的研究领域

生涯学关注个体在生涯发展中面临的各种元素和挑战，包括个人兴趣、价值观、技能和能力、职业选择、职业发展、生活满意度等。生涯学致力于帮助个体理解自己、发展自己，在职业生涯中做出明智选择，并实现职业和生活的目标。生涯学的研究领域不断发展，以适应不断变化的职业环境和个体需求，为个体的职业成功和幸福生活提供宝贵的支持。生涯学的研究领域包括但不限于以下几个方面：

1. 职业和生活平衡：研究职业与生活之间的平衡问题。研究涵盖工作压力、家庭生活、社交关系等方面，帮助个体拥有更满意和更有意义的生活。通过调查和评估判断个体在当前职业的满意度，以及是否需要做出改变以提高幸福感。

2. 职业认知和意向：研究个体对职业的认知、了解和期望，包括对不同职业知识和技能要求的认知，以及对个人兴趣、价值观、目标和职业信息的分析和评估。通过测试和调查协助个体识别兴趣和价值观，从而更好地匹配职业选择。

3. 生涯规划和决策：研究个体如何进行长期生涯规划，以达到职业发展的目标。包括个人目标设定、制订发展计划和解决职业难题等。通过分析个体的技能和兴趣，以及市场需求和趋势，帮助个体做出明智的职业决策。

4. 职业发展和转变：研究个体在职业生涯中的成长和发展过程，包括职业发展阶段、职业认同和满意度变化、工作动机和职业转型等。理解职业发展中的挑战，探讨如何实现职业目标并获得职业生涯的成功。

5. 生涯咨询和辅导：研究为个体提供生涯咨询和辅导的方法和技巧，帮助他们解决职业发展中的问题和困惑。职业咨询师运用生涯学理论和研究帮助个体解决职业问题，制订职业规划，提供支持和指导。

6. 职业教育和培训：研究如何为个体提供职业教育和培训资源，以增强他们的职业能力和竞争力。包括教育水平对职业机会的影响、继续教育的必要性，以及如何将教育与职业规划相结合以实现个体的职业目标。

7. 跨文化和多元化的职业研究：研究不同文化背景下的职业发展模式和挑战，以及如何在多元化工作环境中融合不同的价值观和文化背景。

三、生涯学与相关学科的关系

（一）生涯学与心理学的关系

生涯学是研究个人职业选择、发展和适应的学科领域，心理学是研究人类行为和心理过程的科学。两者在生涯规划与发展方面有着密切的关系。

1. 自我认知与职业匹配：心理学研究提供了深入了解个体认知、情感和行为的工具和理论。这些理论可以应用于生涯学中，帮助个人更好地了解自己的兴趣、价值观、优势和职业偏好，从而实现与职业的匹配，提升满意度。

2. 决策与决策方法：心理学研究探索决策过程、决策偏差和偏好等内容。这对生涯学意义重大，可以帮助人们了解决策过程中的心理机制，并提供决策技巧和策略。

3. 动机和目标设置：心理学研究个人动机和目标设置的原理和影响因素。在生涯学中，了解自我动机和设定清晰的职业目标对于职业发展至关重要。心理学的相关研究可以帮助人们识别和培养内在动机，以及建立实现职业目标的有效目标设定策略。

4. 职业适应与心理健康：心理学关注个人的心理健康和适应能力。在职业领域，职业适应是指个体适应工作环境和工作要求的能力。心理学的研究和方法可以帮助人们了解工作压力、职业满意度和职业动机等，从而提高职业适应能力和心理健康。

5. 生涯转变与调整：生涯规划中常常涉及生涯转变和调整。心理学可以提供关于变革、适应和调整的理论和研究，帮助人们理解职业过渡、职业危机和职业发展中可能遇到的困难，并提供相应的支持和咨询。

总之，心理学为生涯学提供了重要的理论基础和方法论，帮助人们更好地了解职业选择、发展和适应过程中的心理机制，从而促进个体的职业发展和成长，进而获得职业成功和幸福感。

（二）生涯学与教育学的关系

生涯学和教育学有着密切的关系，在个体学习和发展过程中相互关联：

1.教育和职业准备：教育学研究教育的理论与实践，包括学习方法、教学策略和课程设计等方面。生涯学关注个体的职业发展和准备，包括个人技能和职业规划等方面。教育为个体提供所需知识和技能，帮助他们做好迎接职业挑战的准备。

2.教育和职业导向：教育学强调培养人的全面发展，包括知识、技能和价值观等方面。生涯学注重个体的职业导向，即个人对于职业发展的态度和目标。通过教育，个人可以发展自己的职业兴趣和目标，并将其与教育路径相匹配。

3.教育和终身学习：教育学关注个体的学习过程和教育机会，包括学校教育和继续教育等。生涯学认为职业发展是一个终身的学习过程，个体需要不断地学习和适应变化的职业环境。教育提供了个体获取新知识和技能的机会，支持他们在职业发展中持续学习。

4.教育和职业指导：教育学关注学生的发展和指导，帮助他们发现个人兴趣和优势，并制订合适的学习计划。生涯学中的职业指导帮助个体探索职业选择、规划职业路径和解决职业困惑。有效的教育和职业指导可以帮助个体在学习过程中建立职业意识和规划，为未来的职业发展打下基础。

总的来说，生涯学和教育学相互关联，共同关注个体的学习和发展。通过将两者结合起来，可以帮助个人在教育过程中探索职业兴趣和目标，并将所学知识和技能与职业需求相匹配。同时，教育学为生涯学提供了理论和实践的支持，帮助个体在职业发展中实现自身的发展。

（三）生涯学与管理学的关系

生涯学和管理学在职业发展和组织环境中有着密切的关系：

1.职业发展与组织发展：生涯学研究着个人在职业生涯中的成长和发展，包括职业选择、职业规划和职业转变等方面。管理学研究组织的运作和发展，包括组织结构、人力资源管理和领导力等方面。两者相互关联，职业发展受到组织环境的影响，同时组织需要关注员工的职业发展，以实现组织和员工的双赢。

2.组织管理与员工发展：管理学探索如何有效地管理组织中的人力资源，激发员工的潜力和提升绩效。而生涯学关注个体的职业发展和满意度，帮助员工实现自我成长和职业目标。良好的组织管理应当包括关注员工的职业发展需求，为员工提供培训和发展机会，并与他们共同规划职业道路。

3. 领导力与职业导向：管理学研究领导力的概念和实践，包括领导风格、影响力和激励等方面。而生涯学强调个体的职业导向，即个人对于职业发展的价值观和目标。有效的领导力应当能够理解员工的职业导向，并提供相应的支持和指导，以推动员工的职业发展。

4. 绩效管理与职业成就：绩效管理是管理学中的重要议题，涉及评估和激励员工的绩效，而职业学习和成就感是生涯学的核心内容之一。通过建立有效的绩效管理制度，组织可以识别和奖励员工的职业成就，同时为员工提供成长和发展的机会，提升职业满意度，促进持续学习。

总的来说，生涯学和管理学相辅相成，共同关注个体的职业发展和组织发展。两者结合起来助于个人实现自我成长和职业成功，同时也有助于组织提高员工绩效和促进组织可持续发展。

（四）生涯学与经济学的关系

生涯学和经济学有着密切的关系，在职业发展和经济环境中相互影响。

1. 职业选择与劳动市场：生涯学研究个体在职业选择过程中的因素，包括兴趣、技能和职业偏好等。而经济学关注整个劳动市场，研究劳动力供求、薪酬和就业机会等方面。两者相互关联，个体的职业选择受到经济环境的影响，同时经济学为生涯学提供了对劳动市场的理解和预测。

2. 教育与投资回报：经济学研究教育的投资回报率，即通过受教育所获得的收益。生涯学关注教育背景在职业发展中的重要性，包括学历和技能培训等方面。经济学的研究帮助我们了解不同教育水平对职业发展和收入水平的影响，为个体的教育决策提供参考。

3. 职业发展与经济增长：生涯学关注个体的职业发展和成长，而经济学研究整体经济的增长和发展。良好的经济环境通常能提供更多的就业机会和职业发展空间，有利于个体实现职业目标和提升社会地位。相反，经济不景气可能导致就业机会减少和职业发展受阻。

4. 职业满意度与经济福利：生涯学研究个体的职业满意度，即对工作和职业的满意程度。经济学关注个体的经济福利，包括收入、福利和工作条件等方面。稳定的经济环境和良好的经济福利可以提高个体的职业满意度和生活质量。

总之，生涯学和经济学相互影响，共同关注个体职业发展和经济环境。两者结合有助于个人做出职业决策、实现职业目标，并适应不断变化的经济环境。同时，经济学为生涯学提供了对劳动市场和经济增长的理解，为个体的职业发展提供了更全面的背景知识。

（五）生涯学与社会学的关系

生涯学和社会学有着密切的关系，通过研究个体在社会环境中的职业发展和角色扮演等方面相互关联：

1. 社会结构与职业发展：社会学研究社会结构、社会角色和社会组织等方面，探讨社会对个体的影响。而生涯学关注个体在社会环境中的职业发展和角色扮演。社会结构和社会角色的不同特征会影响个体的职业选择、发展路径和机会等。两者相互关联，社会学为生涯学提供了理解社会背景对个体职业发展的影响的依据。

2. 职业社会化与社会互动：生涯学关注个体进入职业领域的过程，即职业社会化。这涉及个体在职场上的学习、角色适应和与他人的互动等。社会学研究社会互动和社交关系，帮助我们理解个体在职业领域中的社会化过程以及工作团队、组织文化对职业发展的影响。

3. 社会变迁与职业转型：社会学关注社会的演变和变迁，包括经济、技术和文化等方面的变化。这些变化对职业发展产生重要影响，如新兴行业的出现、职业需求的转变等。生涯学研究个体在不同阶段的职业转型和适应，了解个体如何应对社会变迁并做出相应调整。

4. 职业群体与社会身份：社会学研究职业群体和社会身份的形成、差异和认同等。不同职业群体在社会中扮演着不同的角色和地位，并具有不同的社会身份。这些社会身份对于个体的职业发展产生影响，包括职业选择、职业满足和社会认同等方面。生涯学研究个体如何在特定的职业群体和社会身份中完成自我实现。

生涯学和社会学相互关联，共同关注个体在社会环境中的职业发展和角色扮演。两者结合有助于理解个体在社会背景下的职业发展路径、机会和挑战，并深入理解个体所处的社会环境。同时，社会学为生涯学提供了社会结构、社会互动和职业群体等方面的研究，有助于更好地理解职业发展的社会背景和影响因素。

（六）生涯学与人力资源管理的关系

生涯学和人力资源管理有着密切的关系，在个体职业发展和组织人才管理方面相互关联：

1. 职业规划和人才招聘：生涯学关注个体的职业规划和发展路径，帮助个体了解自己的兴趣、能力和目标，并做出相应的职业选择。而人力资源管理则关注组织对于人才的需求和招聘策略。通过了解个体的职业规划，人力资源管理可以更好地与个体匹配，招聘到适合的人才。

2. 培训与发展：生涯学强调个体的学习和发展过程，包括技能培训、职业发展计划等。人力资源管理也关注员工的培训与发展，通过提供培训机会和发展计划来帮助员工提升技能和实现职业成长。生涯学的理论和实践可以为人力资源管理提供指导，帮助设计和实施有效的培训与发展计划。

3. 绩效管理与职业发展：绩效管理是人力资源管理中的重要领域，涉及评估和激励员工的绩效。生涯学认为职业发展是个体的核心需求之一，有效的绩效管理应该与个体的职业发展目标相匹配。因此，人力资源管理在进行绩效评估和设定激励措施时，可以结合生涯学理念，帮助员工实现绩效提升和职业发展。

4. 离职与流动：生涯学研究个体在职业发展过程中面临的决策，包括离职、跳槽和职业转型等。人力资源管理需要管理员工的流动和离职情况，包括员工离职的原因和流动的管理策略。生涯学理论可以为人力资源管理提供洞察力，了解员工的职业需求和决策背后的动机，从而更好地管理员工的流动和离职。

综上所述，生涯学和人力资源管理相互关联，在个体职业发展和组织人才管理方面发挥重要作用。通过将两者结合起来，可以帮助个体实现职业目标和成长，同时帮助组织招聘、培训和管理适合的人才，实现个体与组织的双赢。

第三节　生涯学的应用价值

生涯学作为一门研究个体生涯发展的学科，具有重要的理论和实践价值。它关注个体在不同阶段的生涯过程中所面临的问题和挑战，旨在帮助个体做出明智的生涯决策，并提供有效的生涯规划和咨询服务，涉及组织、教育和社会等多个领域。

生涯学在个人层面上非常重要。生涯决策是每个人都必须面对的重要任务，直接关系到个体的职业发展和生活质量。通过生涯学的研究和实践，个体可以更好地了解自己的兴趣、能力和价值观，从而更准确地确定职业目标、规划职业发展路径。此外，在现代社会中，个体的职业选择和职业发展对于个人的幸福感和生活质量至关重要。生涯学还可以帮助个体更好地适应职业转型和变化，实现自我认知和自我实现，提高职业满意度和工作动力，在职业生涯中找到定位和发展方向，实现自我价值的最大化。

生涯学在教育领域具有重要的应用价值。学校和教育机构可以为学生提供全面的生涯教育和辅导服务，帮助学生了解自己的兴趣和能力，引导他们进行职业探索和规划，从而更好地选择适合自己的学科和专业。通过开展生涯教育和培训，学生可以了解不同职业的特点和要求，增加自己的职业选项，并为未来的职业发展做好准备。生涯学还可以帮助学生提高自我管理能力和职业适应能力，培养他们的职业素养和创新能力，以适应快速变化的社会和职业环境。此外，生涯学还可以提供学习资源和职业信息，帮助学生了解不同职业的发展前景，为学生提供职业决策的参考依据。通过生涯学的应用，学校可以培养学生的职业素养和就业能力，提高学生的就业竞争力和就业满意度。

生涯学对于组织管理的决策和战略制定具有重要的指导作用。组织需要根据员工的职业发展需求和目标，提供相应的职业发展机会和培训资源，以增强员工的职业发展动力和满意度。通过运用生涯学，组织可以更好地理解员工的职业需求和发展阻碍，制定相应的人才管理和激励策略，从而提高员工的工作积极性和绩效表现。此外，生涯学还可以帮助组织进行人才培养和继任计划，建立健康的组织文化和员工关系，促进组织的可持续发展。

生涯学在组织和人力资源管理领域具有广泛的应用。组织可以利用生涯学为员工提供职业规划和发展的支持和指导。通过帮助员工了解自己的职业目标和发展需求，组织可以更好地激发员工的工作动力和创造力，提高员工的职业满意度和忠诚度。同时，生涯学还可以帮助组织进行人才选拔和培养，提高组织的整体绩效和竞争力。

生涯学对社会发展和个体幸福有着重要的影响。在现代社会中，职业生涯的不确定性和变化越来越大，个体需要不断适应和更新职业技能和知识。生涯学可以帮助个体实现职业可持续发展，提高个体的职业适应力和灵活度。通过生涯学的应用，社会可以更好地解决就业、人才流动和职业转型等问题，促进社会稳定和繁荣。

综上所述，生涯学在个人、教育和组织等多个领域都具有重要的应用意义。通过生涯学的研究和实践，可以帮助个体实现职业发展和规划，指导组织管理决策和战略制定，提供全面的生涯教育和辅导服务，促进社会的可持续发展和个体的幸福感。因此，生涯学不仅是一门重要的学科，也是解决职业发展问题的有力工具。在未来，随着社会的发展和职业环境的变化，生涯学的应用将越来越受到重视，生涯学对于个体和社会的发展将产生更加深远的影响。同时，随着社会的不断变化和发展，生涯学也将面临更多的挑战和机遇，其研究和实践的前景也将变得更加广阔。

第四节　生涯学的研究方法

作为一个跨学科领域，生涯学的研究方法多样且丰富，不同的研究方法可以提供不同的视角和深入的理解。

一、定性研究方法

定性研究方法注重对个案的深入了解，通过采访、观察、文献分析等手段，收集和分析个案的详细信息。定性研究方法可以帮助研究者揭示个体的经历、观念、信念等主观因素，揭示生涯发展过程中的内在动因和影响因素，更加全面地理解个体在生涯发展中的经历和决策。同时，定性研究方法也可以用于探索性研究，帮助研究者深入了解生涯学领域中的新现象和问题。

首先，定性研究方法注重对个体和群体的深入了解和描述。这种方法采用非结构化或半结构化的访谈、观察、案例研究等形式，通过与研究对象的亲密接触和详细交流，获取他们的真实想法、感受和经验。

其次，定性研究方法强调对研究对象的主观体验和意义的理解。研究者在收集数据的过程中不仅要关注表面现象，还要深入挖掘背后的动机、心理和社会因素，以揭示个体和群体的生涯决策和发展过程中所面临的挑战、困惑和需求。

再次，定性研究方法强调对数据的质性分析。研究者通过对访谈录音、观察记录和文本资料的细致分析，提取出其中的主题、模式和关系，并进行归纳、总结和解释。这种分析方法有助于揭示生涯学中的潜在模式和规律。

最后，定性研究方法注重研究结果的可信性和可转移性。研究者在进行定性研究时，要注意确保研究过程的透明度和可追溯性，同时要进行交叉验证和多重确认，以增强研究结果的可靠性和可信度。此外，研究者还要将研究结果与实际情境相联系，以便将研究结果应用于实践和政策制定。

总之，定性研究方法在生涯学研究中具有重要意义。它可以帮助我们深入了解个体和群体的生涯决策和发展过程，揭示生涯学中的内在因素和影响机制，为生涯规划与咨询、教育与职业指导等实践领域提供有效的理论支持。然而，定性研究方法也存在一些挑战，如数据的主观性和可信度的问题，需要研究者在研究设计和数据分析中加以注意和克服。未来，我们可以进一步探索和发展更多有效的定性研究方法，以应对职业社会的不断变化和多样化的需求。

二、定量研究方法

定量研究方法注重对大量个案的统计分析，通过问卷调查、实验设计和统计分析等手段，以量化的方式对生涯学问题进行研究，收集和分析大量数据揭示和解释生涯相关现象的规律和关系。定量研究方法可以帮助研究者发现个体在生涯发展中的普遍规律和趋势，从整体上把握生涯学的模式和规律。定量研究方法的优势在于能够提供客观的数据支持，但也有可能忽略个体的主观经验和细节。

在定量研究方法中，问卷调查是最常见的数据收集工具之一。研究者可以设计结构化的问卷，通过大样本的调查来获取被研究对象的主观意见、态度和行为等信息。问卷调查可以通过面对面、电话、邮件或在线等方式进行，以确保数据的有效性和可靠性。

另外，实验方法也是定量研究中常用的手段之一。通过控制变量，研究者可以在实验室或现实情境中操纵自变量，观察和测量因变量的变化，从而推断两者之间的因果关系。实验方法可以帮助研究者确定生涯学中的因果关系，验证理论假设，并深入了解生涯决策和发展过程中的影响因素。

此外，定量研究方法还包括统计分析。研究者可以使用各种统计方法，如描述统计、相关分析、回归分析和因子分析等，对收集到的数据进行整理、分析和解释。通过统计分析，研究者可以得出结论、验证假设以及探索生涯学中的规律和关系。

定量研究方法在生涯学领域中具有重要的作用，可以帮助研究者深入了解生涯发展过程中的规律和关系，为个体的职业规划和决策提供科学依据。同时，还有助于评估和改进生涯规划和咨询服务的效果，为教育和职业指导提供科学支持。

然而，定量研究方法也存在一些挑战和限制。首先，由于定量研究方法强调数值化和量化，可能无法捕捉到生涯学的复杂性和多样性。其次，定量研究方法需要大样本的数据支持，而且对研究者的技能要求较高，包括问卷设计、数据分析和统计推断等方面。

尽管如此，定量研究方法在生涯学领域中仍然具有广泛的应用前景。随着社会的发展和职业环境的变化，定量研究方法可以帮助研究者更好地理解个体的职业发展过程，为个人和组织提供更有效的生涯规划和咨询服务。未来，随着数据收集和分析技术的进一步发展，定量研究方法在生涯学领域中的应用将会更加深入和广泛。

三、混合研究方法

混合研究方法是将定性研究方法和定量研究方法相结合的一种研究方法。通过综合运用定性和定量方法，研究者可以更加全面地理解生涯学领域中的问题和现象，提供更加准确可靠的研究结果。同时，混合研究方法还可以帮助研究者深入挖掘定量数据背后的个案故事，为研究提供更加丰富的内容和意义，更好地理解个体生涯发展的复杂性和多样性。混合研究方法包括以下几种常见形式：

一是序列混合研究方法，这种方法将定性研究和定量研究按照一定的顺序组合起来。研究者可以先进行定性研究，通过访谈、观察等方式收集数据，然后根据定性研究的结果设计问卷等定量研究工具，进行大样本的调查研究，从而验证和扩展定性研究的结论。

二是并行混合研究方法，这种方法是同时进行定性研究和定量研究。研究者可以通过不同的数据收集方式，如访谈、问卷等，同时获得定性和定量数据，并将两者进行比较和分析，以得出更全面的结论。

三是嵌套混合研究方法，即将定性研究和定量研究嵌套在一起进行。研究者可以先进行定性研究，收集和分析定性数据，然后根据定性研究的结果选择样本进行定量研究，从而对特定群体或现象进行更具体和深入的探究。

混合研究方法的优势在于能够充分利用定性和定量研究方法的优点，弥补各自的不足。定性研究能够提供详细的描述和理解，揭示个体的经验和观点；而定量研究则能够提供大样本的统计分析和客观性验证。通过混合研究方法，研究者可以获得更全面、准确的研究结果，进一步推动生涯学领域的发展。

需要注意的是，混合研究方法在应用时要仔细设计研究流程和数据分析方法，确保定性和定量数据之间的有效整合和交融。此外，研究者还应考虑研究目的和问题，选择适合的混合研究方法，并合理解释和解读研究结果，以确保研究的科学性和可靠性。

综上所述，混合研究方法在生涯学领域中具有重要意义。通过将定性和定量研究方法相结合，混合研究方法能够提供更全面、准确的研究结果，为生涯规划与咨询、教育与职业指导等实践应用提供有力支持。未来，随着生涯学的进一步发展，混合研究方法将继续在生涯学研究中发挥重要作用，推动生涯学领域的理论和实践不断创新与发展。

四、其他研究方法

生涯学涉及心理学、教育学、社会学等多种学科。为全面了解个体的生涯决策过程和影响因素，需要多种研究方法。比如，案例研究法和行动研究法等，都有助于我们深入了解、分析和改进生涯规划的过程。

案例研究方法可以通过深入研究个体或组织的具体案例，探索生涯学中的特定问题和现象从而深入了解其决策过程、背后的动机和面临的挑战。例如，研究者可能会选取某位决定转行的个体，详细记录其转行过程中的思考、感受和行动，以及外部因素，如家庭、社会和经济条件的影响，深入分析这些数据，从而得到关于转行决策的深刻洞见。

行动研究方法将研究和实践相结合，通过实践中的反思和改进，推动生涯学的发展和应用。行动研究法不仅关注研究，更关注解决实际问题。通常需要研究者与参与者（如学生、员工或职业顾问）密切合作，共同识别问题、设计解决方案、实施行动，并评估结果。在生涯学的背景下，行动研究可能涉及创建一个新的职业规划项目，然后在一所学校或公司中实施。研究者会密切监控项目的执行，收集数据，并不断调整项目以获得更好的结果。此方法的一个关键优点是实用性，研究结果将直接影响实际应用。

总之，生涯学的研究方法多样，常常需要根据具体问题和目标来做出选择。研究者在进行生涯学研究时，应灵活运用不同的研究方法，以获取更加全面、准确的研究结果。此外，随着生涯学领域的不断发展和创新，也需要不断探索和尝试新的研究方法，以推动生涯学的进一步发展。

第二章 生涯学的理论体系

　生涯学是一门研究个人生涯发展的学科，旨在探索和解决个人在职业和生活中面临的问题，帮助个体做出适应性和可持续的人生选择。生涯学的理论体系建立在个体发展心理学、教育学、社会学等多个学科的基础上，这些理论为个体提供了认识自身、了解社会环境、做出职业决策以及实现人生目标的框架和指导，帮助个体更好地应对生涯发展中的挑战和变化。生涯学的理论体系广泛应用于学校、社区和组织等各个领域，促进个体的职业发展，提升人生满意度。

第一节 理论体系概述

　生涯学为个体的职业发展提供了科学的理论支持和实践方法，是现代社会中日益重要的学科之一。生涯学的理论是研究个人职业发展和生涯规划的理论体系，包含职业选择理论、职业发展理论、生涯规划理论和生涯发展理论。

一、职业选择理论

　职业选择理论主要关注个体如何做出职业选择决策。在这个理论框架下，有几种主要的模型，霍兰德职业兴趣模型是其中最为著名的，该模型将个体的兴趣分为六种基本类型，并通过比较个体兴趣与不同职业领域的适应程度来预测其职业选择。帕森斯的人职匹配理论也是职业选择理论中的重要内容，通过帮助个体了解自身的特质，包括因素匹配和特性匹配，更准确地选择适合自己的职业道路，为个体的人生规划提供有价值的参考。

二、职业发展理论

职业发展理论研究个体在职业生涯中的变化和发展过程。其中社会认知生涯理论关注个体在职业发展中的社会认知过程，强调个体的自我效能、职业兴趣、职业目标和职业行为之间的相互作用；职业危机理论认为个体在职业生涯中会经历多次职业危机，并将危机分为三个阶段，在解决危机的过程中实现职业发展；发展任务理论认为个体需要完成特定的生涯发展任务，每个年龄阶段都有独特的发展任务，完成这些任务就是自我实现的过程。

三、生涯规划理论

生涯规划理论研究如何帮助个体进行职业规划和生涯决策。该理论关注个体如何制定目标、做出决策，并采取行动来实现自己的生涯发展。其中职业锚理论认为个体在职业生涯中会形成一种核心价值观和能力的集合，是对自己职业目标、所需工作环境和职业发展方向的一种认知。此外，生涯建构理论提供一种全面的视角，认为个体应在职业选择和发展过程中构建自己的职业生涯，从而实现个人的生涯目标和满足感。此外，还有智能生涯规划和协商式生涯规划等模型和方法。

四、生涯发展理论

生涯发展理论是从不同的角度来理解个体的生涯发展过程。其中舒伯的生涯发展理论认为，职业发展是一个连续的过程，每个阶段都有不同的任务和目标，需要考虑各种因素来做出明智的生涯规划。舒伯还进一步引入角色理论，绘制出了生涯彩虹图，提出了生涯发展彩虹理论。此外，布鲁姆的认知层次理论主要关注个体天赋和才能的培养与发展，将学习者的认知发展划分为六个层次，强调学习者在认知能力上的逐步提高，促进学生在各个层次上的学习和成长。

职业选择理论、职业发展理论、生涯规划理论和生涯发展理论构成了生涯学理论的核心框架，它们之间相互融合、紧密结合，不仅对个体的职业发展具有指导意义，也为组织和教育机构提供重要的参考依据。未来，随着社会和职业环境的变化，生涯学理论将不断发展和完善，以适应个体在职业生涯中面临的新挑战。

第二节 职业选择理论

职业选择理论是生涯学中的重要理论之一，探讨个体在职业选择过程中面临的各种因素和决策方法。职业选择理论帮助人们理解职业选择是一个复杂的过程，涉及个体的兴趣、价值观、能力和环境等方面的因素。职业选择理论旨在帮助个体更好地了解自己，明确自己的职业目标，制订合适的职业规划，并最终实现职业成功。在职业选择理论中，以下经典模型被广泛应用于实践和研究中。

一、职业兴趣理论

霍兰德的职业兴趣理论是目前应用最广泛的职业兴趣理论之一，由美国心理学家约翰·霍兰德于 20 世纪 60 年代提出。该理论认为，每个人都有自己独特的职业兴趣，并将职业划分为六个基本类型，即现实型、研究型、艺术型、社会型、企业型和常规型，并提出了相应的职业环境分类。该理论认为，个体的职业兴趣与职业环境的匹配程度对职业满意度和工作绩效有重要影响。

具体而言，现实型个体偏好与物质世界和具体工作任务相关的活动，通常喜欢从事实际操作、技术性和体力劳动密集型的职业，如机械师、建筑工人或农民；研究型个体喜欢使用科学方法和逻辑来解决问题，通常对分析、研究和探索性的职业感兴趣，如科学家、工程师或研究人员；艺术型个体喜欢自由表达和创造性活动，通常对艺术、创作和表演方面的职业感兴趣，如艺术家、作家或音乐家；社会型个体喜欢与他人合作、帮助他人和解决社会问题，通常对人际关系密集型的职业感兴趣，如社工、教师或临床心理学家；企业型个体喜欢领导、影响他人和经商活动，通常对销售、管理和创业方面的职业感兴趣，如企业家、销售经理或市场营销人员；传统型个体偏好有组织、规范和系统性的工作环境，通常对具有明确规则和程序的职业感兴趣，如会计师、秘书或银行职员。

霍兰德的职业兴趣理论认为，个体在职业选择时更有可能选择与自己主导职业兴趣类型匹配的职业环境。这种匹配度可以提高个体的职业满意度、工作绩效和职业稳定性。当然，霍兰德也指出个体的职业兴趣是多元和动态的，而不是固定的，并且个体可以在不同兴趣类型之间转换。

霍兰德的职业兴趣理论提供了一种了解个体职业兴趣和职业选择的框架，并为个体在职业生涯规划和发展中提供指导。根据这一理论，个体可以了解自己的兴趣类型，将其与不同职业环境进行匹配，做出更明智的职业选择。

二、人职匹配理论

人职匹配理论是由美国心理学家弗兰克·帕森斯提出的，他在《选择职业》中首次明确指出：职业选择不仅是一个个体的选择，还应基于社会的需要和个体的条件。该理论认为每个人都有自己的天赋、技能和兴趣，相应地，社会也提供了无数的职业选择。

首先，每个人都需要对自己有一个清晰的认识。可以通过心理测试、职业测评和反思等手段，帮助个体获取更真实、更全面的自我信息。了解自己的态度、能力、兴趣和局限是职业选择的基础。比如一个经常与人沟通、善于协调的人可能适合从事公关或销售的工作，而对数字敏感、逻辑思维强的人则更适合会计或程序设计的工作。

其次，个人也要对社会的职业需求有一个明确的认识。不同的职业有不同的要求，知道这些要求和自己的能力是否匹配是非常重要的。例如，成为一名医生不仅需要深入了解人类的身体，还需要具备良好的人际沟通能力；舞者除了具备舞蹈技巧之外，还需要持续的锻炼和对艺术的热爱。

最后，个体对自己和职业有了清晰的认识后就可以基于这些信息进行决策，选择一个最符合自己特点的职业。然后，通过实践不断地调整和完善，使自己与职业更加匹配。

帕森斯非常重视职业指导的角色。他认为，许多人在选择职业时往往受到外部因素的影响，如家庭、学校和社会等。职业指导者的任务就是帮助他们从内部因素出发，找到真正适合自己的职业。

帕森斯的理论实质上鼓励每个人在选择职业时，首先认真审视自己，然后再考虑社会的需求。通过将这两方面的因素相结合，个人可以选择一个与自己匹配、并且对社会有价值的职业。帕森斯的人职匹配理论对后世产生了深远的影响。很多现代的职业咨询方法和技术都基于他的理论。例如，现代的职业测评、职业规划和职业发展都受到了他的影响。

人职匹配主要分为两大类型：

一是因素匹配：基于个人与工作之间的各种外部因素进行匹配，主要涉及职业技能和知识要求。例如，飞行员需要特定的飞行知识和技能；药剂师需要熟悉药物的性质和作用；工地建筑者和环卫工人等劳动量大、强度高的职业，更适合那些吃苦耐劳、体格健壮的人。因素匹配看似简单，实际上需要个人深入了解自己的生活需求和期望。

二是特性匹配：关注的是个人的内在驱动因子如性格、兴趣、技能和价值观，与工作要求之间的匹配度。例如，具有创造性和独立性的人可能会在科研领域获得成功；具有想象力和理想主义的人可能成为伟大的艺术家；原则性强、对细节敏感的人适合从事人事或调查的工作。特性匹配所强调的是找到一个能够满足员工内部驱动和激情的工作。

当然，真正的人职匹配应该是二者的有机结合，单纯依赖某一种匹配模式可能都不是最佳选择。例如，一个工作与员工的兴趣和技能完美匹配，但如果工资和晋升机会不佳，员工的满意度和留任率可能都会受到影响。只有真正找到与自己匹配的工作，个体才能充分发挥潜能，获得职业满足感。

总的来说，人职匹配理论不仅为个体提供了职业选择的方向，也为个体的人生规划提供了有价值的参考。在这个充满机会和挑战的时代，个体应珍惜机会，努力发掘自己的潜能，为社会做出贡献。

三、相关职业选择理论

社会认知生涯理论、社会生态模型等相关的职业选择理论从不同的角度和层面探讨了职业选择的过程和决策机制。社会认知理论认为职业选择是一个基于个体观察他人行为和结果的过程，个体通过观察他人的职业经历和成果来评估不同职业的吸引力和可行性，强调了观察学习和自我效能对职业选择的影响。社会生态模型将职业选择置于更广泛的社会环境中考虑，认为个体的职业选择受到社会文化、家庭背景和教育制度等因素的影响，强调了社会环境对职业选择的塑造作用。这些理论的共同目标是帮助个体更好地理解自己和职业领域，从而做出更明智的职业选择。

在实践中，职业选择理论可以应用于个体的职业咨询、职业规划以及教育和组织领域。通过了解个体的兴趣、价值观和能力，帮助他们更好地选择适合自己的职业，并制订相应的职业规划。对于教育和组织领域来说，了解职业选择理论有助于教育机构和组织提供更有效的生涯教育和职业发展支持，从而提高个体的职业满意度和绩效。

职业选择理论的研究和应用对个体的职业发展和组织的人力资源管理具有重要意义。通过了解不同理论的核心概念和研究结果，可以为个体提供更准确的职业咨询和辅导服务，同时也可以帮助组织更好地招聘、培养和留住人才。在不同的实践领域中，职业选择理论都有着广泛的应用和研究。随着社会的发展和变化，职业选择理论也在不断演进和完善，为个体的生涯发展提供更好的支持。未来的研究可以进一步深化对职业选择理论的理解，并结合实际情况进行应用和改进。

第三节　职业发展理论

职业发展理论是生涯学的重要组成部分，研究个体在职业生涯中的各个阶段所经历的发展过程和变化，以及影响职业发展的各种因素。职业发展理论提供了一种理论框架，关注个体在职业生涯中的职业选择、职业进步和职业转变等方面的问题，为个体在职业生涯中做出明智的决策和行动提供指导。以下是几种常见的职业发展理论：

一、社会认知生涯理论

社会认知生涯理论是由美国心理学家伦特、布朗和哈克特共同提出的一种关于个体职业选择和发展的理论。社会认知生涯理论关注个体在职业发展中的社会认知过程，即个体通过观察和模仿他人的行为、接受他人的评价和反馈，形成对职业的认知和期望。社会认知生涯理论认为，个体的职业发展受到社会环境、他人和社会支持的影响，个体会根据自己所属的社会群体选择与之相关的职业，并通过与该群体的互动实现职业发展。该理论强调个体的自我效能、职业兴趣、职业目标和职业行为之间的相互作用，认为个体通过观察他人的职业经历和行为，以及自身的体验形成对职业的认知，并通过自我调节和努力实现职业目标。

社会认知生涯理论主要包含以下几个核心概念：

1. 自我效能：是指个体对于实现特定行为或任务的能力和信心评价。在职业选择和发展中，个体的自我效能感决定了他们对于不同职业的信心和意愿。

2. 兴趣：是指个体对于某种活动、领域或职业的倾向和偏好。个体的兴趣在职业选择中起到重要的驱动作用，帮助他们确定适合的职业领域和工作内容。

3. 目标设定：是指个体对于职业发展的长期和短期目标的设定和追求。通过设定明确的职业目标，个体可以有针对性地采取行动实现自己的职业发展。

4. 社会支持：是指来自他人或社会环境的支持和鼓励。在职业发展中，个体得到他人的支持和鼓励可以增强自我效能感和意愿。

5. 职业决策行为：是指个体在面临不同职业选择时所采取的决策过程和行为，受个体的自我效能、兴趣和目标设定的影响。

社会认知生涯理论提供了一个综合性的框架，以认知、情感和行为等因素来解释个体的职业选择和发展过程，强调了个体的内在因素与外部环境的互动作用，对于指导个体的职业咨询、教育和发展具有重要意义。该理论通过帮助个体提高自我效能感、发展适合的职业兴趣和设定明确的职业目标，促进个体健康、满意、成功地进行职业发展。

二、发展阶段理论

发展阶段理论认为，职业发展是一个逐步演化的过程，个体在职业生涯中会经历不同的发展阶段。每个阶段都有自己的特点和任务，个体需要适应和解决相应的问题，以便顺利过渡到下一个阶段。本书依据荣格的分析心理学推导职业危机理论，该理论认为职业发展是由自我意识和外部环境的相互作用驱动的，个体在职业生涯中会经历多次职业危机，并通过解决这些危机来实现职业发展。

职业危机是个体发展过程中的一部分，同时也是个体在职业生涯中的关键转折点，它们通常在某个特定的发展阶段出现。职业危机是由于个体的内外因素冲突或不匹配导致的，并且需要个体解决这些问题才能继续向前发展。职业危机分为三个主要阶段：个体化阶段、适应阶段和整合阶段。

在个体化阶段，个体开始探索自己的兴趣、价值观和职业目标，需要通过个人成长和自我发现来建立自我身份和职业方向。这一阶段强调个体对自身内在特质和外部职业环境的认知和了解。

适应阶段是职业生涯中的关键转折点，个体需要适应社会和工作环境的要求。这个阶段常常伴随着职业危机，个体需要面对职业选择、角色转变和工作压力等问题，寻找适合自己的发展道路。

整合阶段是职业生涯中的成熟阶段，个体通过与自己的经验和价值观的整合，逐渐实现职业满意度和发展。在这一阶段，个体更加成熟和稳定，能够更好地应对职业生涯中的挑战和机遇。

职业危机理论强调了个体在职业生涯中面临的挑战和发展机会，认为解决职业危机是个体实现职业发展的关键。这一理论帮助个体理解和应对不同阶段的发展任务，并采取积极的行动来适应变化和寻求新的机会以实现职业目标。

三、发展任务理论

该理论关注个人在不同发展阶段所面临的任务和挑战，是由罗伯特·哈维赫斯特提出的一种关于人类发展过程的理论，认为个体需要完成特定的生涯发展任务，如职业探索、自我认知、目标设定等，以促进个人成长和职业发展。发展任务是指特定年龄段内个体需要面对和解决的发展性挑战或任务。根据哈维赫斯特的观点，每个年龄阶段都有独特的发展任务，这些任务在不同的年龄段以及文化和社会背景下可能会有所差异。完成这些任务可以促进个体的身心发展、社会适应和自我实现。

发展任务理论的核心概念包括以下几点：

1. 发展阶段：发展任务理论将个体的生命周期划分为不同的发展阶段，如婴儿期、幼儿期、青少年期、成年期等。每个阶段都有特定的发展任务需要完成。

2. 任务的性质：每个发展阶段都有特定的发展任务，分别涉及个体在生理、心理、认知和社会方面的发展。例如，婴儿期的任务可能包括学会坐立和爬行，青少年期的任务可能包括建立身份和独立性。

3. 任务的完成：完成发展任务对于个体的成长和适应至关重要。成功地完成任务会促进个体在各个领域的发展，如认知、情感、社交和职业发展。

4.外部支持：个体完成发展任务时通常需要外部的支持和指导，包括家庭、学校、社区和文化等。这些支持可以提供资源、指导和机会，帮助个体顺利完成任务。

发展任务理论对于教育、心理学和社会工作等领域具有重要的意义。它提供了一个框架来理解个体在不同发展阶段面临的挑战，以及如何提供支持和引导促进个体的全面发展。在实践中，该理论可以被用于指导教育和干预计划的设计，以满足不同年龄段个体的发展需求。

此外，还有其他一些职业发展理论，如职业决策理论、职业满意度理论等。职业决策理论研究个体在职业选择和职业转变时的决策过程和决策策略。该理论认为，个体在职业决策时会面临不确定性和风险，需要通过信息搜集、评估和决策制定等过程来做出职业决策。职业满意度理论着重研究个体对所从事职业的满意度和工作成就感。该理论认为，个体的职业满意度受到多种因素的影响，如工作内容、工作环境、薪酬待遇和个人价值观等。

职业发展理论的研究和应用对于个体的职业生涯规划和职业发展具有重要意义。通过了解和运用这些理论，个体可以更好地理解自己的职业发展过程，明确职业目标，并做出相应的职业决策。同时，组织和教育机构也可以借助这些理论提供更好的职业发展支持和指导，更好地培养和管理员工的职业发展，提高员工的工作满意度和绩效，促进个体的职业成功。

职业发展理论的未来发展趋势包括更加关注跨文化和多元化的职业发展问题、加强对技术变革和全球化对职业发展影响的研究、提供更加个性化和灵活的职业发展支持等。通过不断深入研究和应用职业发展理论，可以为个体和组织提供更好的职业发展服务，促进个体和组织的共同发展，促进社会的持续发展和进步。

第四节　生涯规划理论

生涯规划理论是生涯学中的一个重要理论分支，关注个体在职业生涯中的目标设定、决策制定和实施过程。生涯规划理论旨在帮助个体了解自己的兴趣、能力和价值观，并将其与职业需求和机会相匹配，从而实现职业发展和个人成长的目标。生涯规划的模型和方法有多种，其中比较常用的包括施恩的职业锚理论和萨维科斯的生涯建构理论等。

一、施恩的职业锚理论

职业锚理论由美国心理学家埃德加·施恩提出，认为个体在职业生涯中会形成一种核心价值观和能力的集合，称为"职业锚"，对个体在职业选择和职业发展中起到重要的指导作用。

根据施恩的理论，职业锚是个体内部固有的特质和偏好，与个体的自我概念、价值观和动机密切相关。每个人的职业锚可以看作是对职业目标、所需工作环境和职业发展方向的一种认知。施恩将职业锚划分为以下八种类型：

职能型：个体关注在特定领域或技能上的专业发展，追求成为专家或专业人士。

管理型：个体具备广泛的管理和领导能力，追求全面管理和领导团队的机会。

独立型：个体强调独立性和创业精神，渴望自主决策和创造性工作。

稳定型：个体倾向于追求稳定和安全的工作环境，注重稳定的待遇和职业发展。

创业型：个体关注创造性和创新性的工作，追求能够表达自己创造力的机会。

服务型：个体对为他人提供服务或支持事业目标有强烈的责任感，追求能够帮助他人并实现社会价值的工作。

挑战型：个体寻求高度挑战性的工作任务和环境，对于解决复杂问题和克服困难感兴趣。

生活型：个体注重工作与个人生活平衡，追求灵活的工作时间和适合个人生活方式的工作。

职业锚是相对稳定，并非一成不变的。个体在职业生涯中可能会经历不同的阶段和需求的变化，从而导致职业锚的调整。理解自己的职业锚可以帮助个体更好地匹配职业选择，明确职业目标，做出适合自己的职业决策。需要注意的是，职业锚理论是一种辅助性的理论框架，并不是唯一决定个体职业选择和发展的因素，还需要考虑其他因素，如兴趣、能力、机会等。

二、生涯建构理论

生涯建构理论是由美国心理学家马可·萨维科斯提出的，该理论认为，生涯是个体在特定社会文化背景下通过自我探索和社会互动建构的。个体在职业选择和发展过程中会根据自己的价值观、能力和兴趣等因素来构建职业生涯，从而实现个人的生涯目标和满足感。该理论强调个体在生涯建构过程中需要关注自身的内在需求和外部环境的变化，提出了生涯建构的三个要素：自我概念、职业概念和决策行为。

1. 自我概念：个体在生涯建构过程中会思考和了解自己的价值观、能力、兴趣、优势和弱势等方面，通过自我探索和自我认知形成对自己的理解，从而指导他们在职业生涯中做出适合自己的决策。

2. 职业概念：个体在生涯建构中还会考虑不同的职业选择和机会，会根据自己的价值观、兴趣和能力，以及外部环境的变化来评估和选择适合自己的职业路径。个体的职业概念是根据他们对职业的理解和期望来形成的。

3. 决策行为：在生涯建构过程中个体需要做出各种职业相关的决策，如选择职业、选择教育路径、平衡工作和生活等。个体的决策行为是基于他们对自我概念和职业概念的理解，并受到内在需求和外部环境因素的影响。

生涯建构理论强调了个体在职业生涯中的主动性和自我建构过程，通过不断的自我探索、反思和社会互动来塑造自己的职业生涯。该理论提供了一种全面的视角，帮助个体更好地理解自己，并做出有意义和满足自我的职业决策。

生涯规划理论的研究和实践对于个体的职业发展和个人成长具有重要意义。通过深入理解自己的特点和需求，个体可以做出明智的职业选择和规划，从而实现职业成功和生活满意度的双赢。未来，随着社会的变化和职业的演变，生涯规划理论将继续发展和完善，为个体提供更好的职业发展指导和支持。

第五节 生涯发展理论

生涯发展理论是指对个体在职业发展过程中所经历的各种阶段和转变进行解释和理论化的框架。这些理论旨在帮助人们更好地了解自己的生涯发展，并提供指导和支持，这些理论提供了不同的角度来理解个体的生涯发展过程，探讨了个体在生涯中所经历的变化、成长和发展，并提供了指导个人职业选择、发展和规划的理论基础。每个阶段都强调不同的因素，如个体特质、社会环境、自主性、学习和适应能力等。综合运用这些理论可以帮助个体更好地规划和管理生涯发展。

一、生涯决策理论

生涯决策理论是研究个体在职业生涯中做出决策的过程和影响因素。其中最有影响力的理论之一是由美国心理学家唐纳德·舒伯提出的生涯发展理论。该理论认为，职业发展是一个连续的过程，个体在不同的生涯阶段中面临不同的任务和挑战。每个阶段都有不同的任务和目标，个体需要通过适应和调整来实现自我发展和职业成就。生涯发展理论的五个主要阶段为：

1. 探索阶段：这个阶段通常发生在青少年时期，个体开始主动探索各种职业选择和兴趣，并形成初步的职业偏好。个体通过试错和体验不同的职业角色了解自己的职业兴趣、价值观和能力。

2. 调整阶段：在这个阶段个体已经选择了一个具体的职业路径，并试图建立自己的职业身份。他们进入工作领域，积累经验，逐渐融入职业社群，并开始发展专业技能。

3. 维持阶段：这个阶段个体着重于巩固和发展已经建立起来的职业身份，努力提升职业地位、薪酬和专业技能，并寻找与职业价值观相符的机会。

4. 转变阶段：转变阶段是职业生涯中的转折点，个体开始面临职业发展的重大决策、变化或挑战，如职业转型、晋升、离职、退休或其他重要的职业过渡。

5. 退出阶段：是指个体从正式工作中退休，并进入职业生涯的后期。退休并不意味着完全停止，个体可能继续参与志愿工作、咨询或其他形式的职业。

根据生涯决策理论，职业生涯是一个动态和连续的过程，个体在每个阶段都面临着不同的发展任务和决策，需要考虑自己的兴趣、能力、价值观、外部环境和职业机会等因素来做出明智的决策。该理论为个体提供了指导，帮助个体理解自身在职业生涯中所处的位置，以及应该如何应对职业转变和发展的需求。

二、生涯发展彩虹理论

时间流逝，舒伯始终没有停下对生涯发展理论的探索，进行了多次修订和扩展。1976 至 1979 年间生涯彩虹理论成为舒伯研究的核心，四年里，舒伯深入英国，试图从不同的文化背景中提炼和完善他的理论框架。1981 年舒伯进一步引入角色理论，尝试对生涯发展的多重面相进行探究。

为了更直观地描述这一观念，舒伯设计了"生涯彩虹图"。这幅图形象地描述了人一生中不同阶段与其所扮演的角色之间的关系。比如，年轻时，学生和朋友这两个角色可能是最为重要的；中年时，家长和工作者的角色可能变得更为突出；而在老年，退休者和祖父母可能成为主要角色。生涯彩虹图提供了一个宏观的视角，使个体能够了解生涯发展是一个动态的、不断变化的过程，并认识到生涯规划不仅仅是找工作，而是与生活中的每一个阶段、每一个角色紧密相连。

生涯彩虹图以年龄为时间坐标，强调人的生涯过程是持续的、相对稳定的，每个角色的出现、增强、减弱均与年龄有关。不同年龄段的生涯发展又有多角度的影响，涵盖了生涯的自我概览、目标设定、考量生涯决策等多个方面。舒伯鼓励人们不仅要关注当前的工作和角色，还要预见未来的可能性，并为之做好准备。

生涯发展彩虹理论较好地描述了各个生命阶段具有的不同角色定位与职业角色的互动关系，并且以时间为轴展示了人一生中各种角色的转换和演变，尝试把生涯规划从单一的职业生涯向生活空间和重要角色扩展，帮助人们理解和把握自己的生涯，体验和享受生涯。

生涯发展彩虹理论强调的是持续的生涯发展，它认为人的生涯发展不是瞬间完成的，而是在生涯的各个阶段逐步完成的。这样的观念以特定的时间顺序给予人们在各个阶段不同的期待和目标，有助于个人的自我实现和生涯成功。

总体来看，生涯发展彩虹理论是一个富有深度和广度的生涯发展模式，它让我们看到生涯发展既包括职业发展，也包括人生其他领域的发展。生涯发展是一场和时间的赛跑，局限于职业的发展过于狭窄，不能充分体现一个人的全方位发展，需要拓宽视角，用生涯的眼光看待问题。

三、布鲁姆的认知层次理论

布鲁姆的认知层次理论是由美国心理学家本杰明·布鲁姆在20世纪50年代初提出的。该理论主要关注个体天赋和才能的培养与发展，关注学生的认知发展和学习能力，并提供了一种层次化的框架，描述了学习者从初级到高级思维能力的发展过程。布鲁姆将学习者的认知发展划分为六个层次，按照逐步增长的复杂性排列：

记忆：学习者通过记住和重复信息来接收和存储知识。

理解：学习者能够理解和解释所学的概念和信息，并将其组织成自己可以理解的形式。

应用：学习者能够将所学的概念和技能应用于实际问题解决中。

分析：学习者能够分解和分析信息，识别其组成部分和关系，并发现其中的模式和结构。

评价：学习者能够对信息进行评估和判断，提出合理的论证和意见，并对自己和他人的工作进行评价。

创造：学习者能够整合和组合各个部分，创造新的整体，提出独特的观点和解决方案。

布鲁姆的认知层次理论强调了学习者在认知能力上的逐步提高，从简单的记忆到更为复杂的分析、评价和创造。这个理论对教育和学习具有指导作用，帮助教育者了解学生的认知发展阶段，促使教育者和培训者更加关注学生的个体差异，并设计相应的教学策略和评估方法，促进学生在各个层次上的学习和成长。

第三章　生涯规划与生涯管理

随着全球化、信息化和知识经济的发展，职业生涯的稳定性和可预测性逐渐减弱，人们面临着更多的人生选择和挑战。在这种情况下，生涯规划与生涯管理显得尤为重要。探讨生涯规划与生涯管理的概念、重要性及方法，有助于为个人的生涯发展提供有益的指导。加强生涯规划和生涯管理的研究和实践，对于个体、组织和社会的可持续发展具有重要意义。

第一节　生涯规划的概念与过程

生涯规划是指个体根据自身的兴趣、能力、价值观等因素，对职业和生活进行系统、长远的规划和设计。生涯规划旨在帮助个体实现职业目标，提高职业满意度，实现个人价值和社会价值。生涯规划是一个系统的过程，通过自我探索、职业探索和目标设定，帮助个体做出明智的职业选择和发展决策，提高职业和生活满意度。生涯规划的过程包括以下几个阶段：

1. 自我探索：自我探索是生涯规划的起点，涉及对自我的认知和理解。个体需要了解自己的价值观、兴趣、技能、特长以及个性特点等，包括自我评估、自我反思，有助于建立自我认知，明确职业意向和职业目标。

2. 职业探索：职业探索是指对不同职业领域和工作岗位进行研究和了解，探索不同的职业选择和可能的职业路径，包括职业调查、实习、参观企业、与从业者交流等活动，以获取不同职业的信息和经验，深入了解不同的职业选项。

3. 目标设定：目标设定是基于自我探索和职业探索的结果，确定明确的职业目标或发展方向，设定明确、具体、可量化的目标，而不是模糊的愿望。确保目标是现实可行的，与个人的能力、兴趣、价值观资源、环境条件，以及市场需求相一致。

4.制订计划：在设定了职业目标后，个体需要制订一份详细的行动计划。这包括制订学习计划、培训计划、职业发展路径以及个人成长的计划等。根据目标的重要性和优先级对行动计划进行排序，将关键的任务和行动放在前面，以确保最重要的目标首先得到关注和实施。

5.行动实施：行动实施阶段是将计划付诸实践的过程。个体需要积极参与学习、工作和实践机会，不断积累经验、发展技能，并跟踪职业目标的实现进度，获取相关技能、教育培训、寻找实习或工作机会等。

6.评估和调整：生涯规划是一个持续的过程，个体需要定期评估职业发展进展，并根据情况进行调整和修正。评估可以包括自我评估、反馈收集以及专业咨询等，以确保职业发展始终在正确的轨道上，并在必要时进行调整和修正。

生涯规划是长期和个性化的，每个人的情况和需求都不同，需要个体对自己进行深入的思考和了解，同时也需要积极主动地获取和利用相关资源和信息。通过生涯规划，个体可以更好地认识自己、了解职业市场，并做出符合自身价值观和兴趣的职业决策，实现职业生涯的成功和个人成长。同时，生涯规划也需要个体与组织和社会环境的互动和支持，以提供更多的资源和机会，促进个体的职业发展。

第二节　生涯管理的概念与方法

生涯管理是基于个人的职业价值观、兴趣、能力和目标等因素，通过制定明确的职业发展计划和策略，以及通过不断学习和提升自己的能力和技能，使个人在职业和生活中取得持续的成长和发展。生涯管理包括职业目标的设定、职业能力的提升、职业机会的把握等方面。生涯管理是一个持续的过程，核心目标是帮助个人实现职业成功和满意度，并促进组织的人力资源开发和管理。常用的生涯管理方法有：

1.自我评估：了解自己的价值观、兴趣、技能和个性特点等，以及对不同职业的认知和了解，通过各种自我评估工具和活动分析职业倾向和优势，如心理测评、职业兴趣测试等，帮助个人做出更好的职业选择和规划。

2. 职业研究与探索：积极主动地研究和探索不同的职业领域和岗位，通过参观企业、实习、网络调查等方式了解职业要求、前景和发展机会。

3. 设定目标：根据自身的兴趣和价值观，设定明确的职业目标，包括长期目标和短期目标，并制订相应的计划和策略来实现这些目标。

4. 学习和发展：持续学习和提升自己的技能和知识，通过参加培训课程、学习新的技术和专业知识来增强自身的竞争力。

5. 寻求反馈和建立导师关系：寻求他人的反馈和建议，如与导师、职业顾问或成功人士交流，获取有价值的指导和建议，从而做出更明智的职业决策。

6. 职业网络与人际关系建立：积极投入社交和职业网络活动，与同行业的专业人士建立联系，参加相关行业的会议、研讨会等活动，扩大人脉圈，获取机会和资源。

7. 持续自我反思与调整：定期进行自我评估，审视自己的职业发展进展和目标实现情况，根据需要进行调整和修正，并不断寻求新的机会和挑战。

8. 灵活性和适应性：职业生涯中常常会面临变化和挑战，保持灵活性和适应性是有效的生涯管理策略，包括适应新的技术和市场趋势，主动学习和发展新的技能和知识。

以上策略和方法有助于个体制定明确的职业目标，提升自身竞争力，为职业生涯的成功和满意奠定基础。需要注意的是，每个人的情况和需求都不同，个体需要根据的实际情况选择适合的策略和方法，并持续调整和优化。

第三节　生涯规划和管理的提升

一、重要意义

生涯规划和生涯管理对个体的职业发展具有重要意义，有助于明确目标、提高效率、降低风险。通过进行生涯规划与生涯管理，个体能够更好地了解自我，实现职业目标，应对职业生涯变化，实现职业成长和发展。

（一）提升职业满意度

通过生涯规划和生涯管理，个体能够更好地了解自己的兴趣、能力和价值观，从而选择更适合自己的职业，提高职业满意度。生涯管理有助于个人合理安排时间和精力，确保在实现职业目标的过程中高效投入资源，从而提高工作效率，减少时间浪费。

（二）促进职业成长

生涯规划和生涯管理有助于个体明确职业目标，制订合理的发展计划，从而在职业生涯中不断成长和进步。通过生涯规划，个人可以设定长期和短期职业目标，明确发展方向，保持职业发展的连续性和稳定性，避免盲目追求短期利益。

（三）应对职业生涯变化

随着社会经济的发展，职业生涯的稳定性和可预测性逐渐减弱。生涯规划与管理可以帮助个人识别职业发展中的潜在风险，如行业变化、技能过时等，从而采取相应措施，这有助于降低职业风险，实现职业发展。

生涯规划和生涯管理不仅对个体的职业发展有益，也对组织和社会具有重要意义。对于组织而言，生涯规划和生涯管理可以帮助员工更好地了解自己的职业目标和发展需求，从而更好地匹配组织的人才需求，提高员工的工作积极性和满意度，促进组织的发展和壮大。对于社会而言，生涯规划和生涯管理可以帮助个体更好地适应社会变革和经济发展，减少人才浪费和资源浪费，促进社会的稳定和繁荣。

总之，生涯规划和生涯管理在个体职业发展过程中起着重要的作用。它们可以帮助个体认识自己、做出职业决策、实现职业发展和成长，同时也对组织和社会有积极的影响。因此，加强生涯规划和生涯管理的研究和实践，对于个体、组织和社会的可持续发展具有重要意义。

二、生涯导师制度

生涯导师制度是生涯学的重要组成部分，旨在通过为个体提供指导和支持，帮助他们在职业生涯中做出明智的决策和发展。生涯导师制度的目标是促进个体的职业发展和成长，并提供相关的职业指导和建议。

首先，生涯导师制度的核心是导师与学员之间的关系。导师是经验丰富、志愿参与的专业人士，具备丰富的职业知识和经验。导师与学员之间建立起信任和互动的关系，导师为学员提供个性化的指导和支持，并共享他们在职业领域中的经验和智慧。

其次，生涯导师制度包括多种形式的支持和辅导。导师可以通过面对面的会议、定期讨论和反馈，以及提供相关资源和信息来支持学员。导师可以帮助学员了解自己的兴趣、价值观和能力，帮助他们探索各种职业选择和发展路径，还可以提供实践经验和建议，帮助学员解决职业发展中的困惑和挑战。

再次，生涯导师制度还可以促进学员的自我发展和自我认知。导师可以帮助学员发现潜力和优势，并提供支持和鼓励，使他们更好地应对职业生涯中的挑战和变化。导师还可以帮助学员确定个人职业目标，并与他们合作制订行动计划，以实现这些目标。

最后，生涯导师制度对于学校、企业和社会都具有重要意义。在学校中，生涯导师可以为学生提供职业指导和规划，帮助他们选择适合自己的专业和职业。在企业中，生涯导师可以帮助员工发展职业技能和提升职业素养，促进组织的人才培养和流动。在社会中，生涯导师制度可以帮助个体更好地适应职业转型和社会变革。

总之，生涯导师制度是生涯学的重要应用领域之一。通过导师与学员之间的关系建立，提供支持和辅导，促进学员的职业发展和成长为个体在职业生涯中做出明智决策和取得成功提供关键支持。

第四节　个人与组织生涯的互动

一、个人生涯规划

（一）个人生涯规划的概念

个人生涯规划是生涯学的重要内容，旨在帮助个体更好地认识自己、了解职业市场，指导个体在职业发展和人生规划中做出明智的决策、发展职业技能和实现人生目标。它不仅关注个体在职场上的发展，还考虑了个体的价值观、兴趣爱好和个人目标等因素。个人生涯规划有助于个体更好地应对职业发展中的挑战，提高个体的职业满意度和工作绩效。

（二）个人生涯规划的重要性

个人生涯规划对于个体的职业发展具有重要意义。首先，个人生涯规划可以帮助个体明确职业目标，从而减少职业迷茫和决策困惑。其次，个人生涯规划可以帮助个体制订可行的行动计划，提高个体实现职业目标的可能性。此外，个人生涯规划还有助于提升个体的职业竞争力和自我发展能力。总之，个人生涯规划对于个体的职业发展具有重要的指导和推动作用。

（三）实施个人生涯规划的步骤

1. 自我认识阶段

个人生涯规划的第一步是了解自己，通过自我评价、兴趣测试和价值观探索等方式，全面了解自己的价值观、个性特点、兴趣爱好和职业偏好。个体可以通过问一些问题，如"我喜欢什么样的工作内容？""我在工作中想要取得哪些成就？"等增进对自己的认识。

2. 职业探索阶段

职业探索是个体了解不同职业的过程。个体通过实习、兼职、志愿者等方式，亲身体验不同职业的工作环境和工作内容。个体可以参观企业、进行面试或与职业导师交流，以获取关于不同职业的信息。通过职业探索，个体可以更加清楚地了解不同职业的特点，了解自己与这些职业的匹配度。通过职业兴趣测试和评估工具，深入了解自己的职业喜好和适应度，从而有针对性地进行职业探索。

3. 目标设定阶段

目标设定是个人生涯规划的核心。在这个阶段，个体需要结合自己的自我认识和职业探索的结果，确定职业目标。职业目标应该是具体、可行和有挑战性的，并与个体的价值观、兴趣爱好和个人目标相一致。设定职业目标可以帮助个体更加明确自己的方向，为未来的职业发展做好准备。

4.职业技能培养

个人生涯规划还包括职业技能的培养和提升。个体需要根据职业目标和市场需求，制订合理的职业技能培养计划，通过参加培训课程、实习经历、参与项目等方式来实现。培养职业技能有助于个体在职业发展中保持竞争力和适应性。

5.职业决策和行动计划

个体在完成了前面的准备工作后，需要做出职业决策并制订相应的行动计划。职业决策是指在多个职业选择之间做出最终决策，确定自己的职业道路。行动计划则是指具体的实施步骤和时间表，帮助个体一步步地实现职业目标。行动计划是实现职业目标的路线图。个体需要将职业目标分解为具体的行动步骤，并制定时间表和资源分配。

6.职业发展与调整

个人生涯规划不是一次性的，而是动态的过程。在职业生涯中，个体可能会面临各种变化和挑战，个体应时刻关注自身的职业发展需求，并根据实际情况进行相应的调整和规划。

（四）个人生涯规划的辅助工具

为了更好地实施个人生涯规划，个体可以利用一些辅助工具。例如，个体可以使用职业测评工具，如霍兰德职业兴趣测试和MBTI人格类型测试，了解自己的职业兴趣和人格类型。此外，个体还可以参加职业发展培训课程或请教职业导师，获取更多关于个人生涯规划的知识和经验。

总之，个人生涯规划是生涯学中的重要内容，帮助个体明确职业目标并制订实现目标的行动计划，对于个体的职业发展具有重要的指导和推动作用。在实施个人生涯规划时，个体需要进行自我认识、职业探索、目标设定和制订行动计划等，并可以利用一些辅助工具来提高规划效果。通过制订合理的生涯规划，个体可以更好地认识自己、了解职业市场、做出明智的职业选择，不断提升自己的能力和竞争力。同时，个人生涯规划也需要与组织生涯管理相结合，共同促进个体和组织的发展。

二、组织生涯管理

(一) 组织生涯管理的概念

组织生涯管理是生涯学的重要组成部分,旨在帮助个体在组织环境中实现职业发展和生涯成功,是指组织为员工提供的一系列支持、资源和机会,以帮助员工进行职业发展和生涯规划。组织生涯管理为员工提供有针对性的培训、发展计划和职业晋升机会,关注员工在组织中的职业发展路径、机会和支持,以及组织和员工之间的互动和合作,最终实现个人和组织目标的双赢。

(二) 组织生涯管理的目标

组织生涯管理的目标是帮助员工实现职业满意度、提升工作绩效、增强组织忠诚度,从而促进组织的可持续发展。通过提供职业发展机会、培训和支持,组织能够激发员工的潜力,促进他们的成长和进步。

组织生涯管理是一种战略性的人力资源管理方法,旨在促进组织和员工之间的长期合作关系。它强调组织对员工职业发展的重视,并提供必要的支持和资源。

(三) 组织生涯管理的策略

1. 职业发展规划:组织应鼓励员工制订个人职业发展计划,并提供相关的培训和资源支持。这有助于员工了解自己的职业兴趣、能力和目标,从而更好地规划自己的职业道路。

2. 晋升机会:组织应提供公平和透明的晋升机制,为员工提供在组织中发展和晋升的机会。通过激励和奖励制度,可以激发员工的积极性和动力。

3. 培训与发展:组织应投资于员工的培训和发展,提供相关的培训课程、学习资源和导师指导。通过提高员工的技能和知识水平,组织可以增强员工的工作能力和竞争力。

4. 绩效评估与反馈:组织应定期对员工的绩效进行评估,并及时给予反馈。这可以帮助员工了解自己的优势和改进方向,促进个人的成长和发展。

5. 员工支持与关怀:组织应关注员工的需求和关切,提供必要的支持和关怀。包括提供工作生活平衡的政策和措施,关注员工的福利和健康,以及建立良好的员工关系。

（四）组织生涯管理的实施过程

1. 需求分析：组织应通过调研和分析了解员工的职业发展需求和期望。这可以帮助组织确定适当的策略和措施，以满足员工的需求。

2. 计划设计：组织应制订明确的组织生涯管理计划，包括目标、策略和具体的实施步骤。这需要与员工沟通和协商，确保计划的有效性和可行性。

3. 执行与监督：组织应按照计划进行组织生涯管理的实施，并及时监督和评估效果。这可以通过定期的评估和反馈机制，确保组织生涯管理工作的有效性和持续改进。

4. 评估与调整：组织应定期评估组织生涯管理的效果，并根据评估结果进行必要的调整和改进。这有助于提高组织生涯管理的效益和可持续性。

综上所述，组织生涯管理是为了促进员工职业发展和生涯成功而采取的一系列策略和措施。通过提供职业发展规划、晋升机会、培训与发展、绩效评估与反馈以及员工支持与关怀等方面的支持，组织能够激发员工的潜力，提升他们的职业满意度和工作绩效，实现组织和个体的共同发展。在未来，随着社会和组织环境的不断变化，组织生涯管理将面临新的挑战和机遇，需要不断创新和改进，以适应员工个体化需求和组织发展的要求。

三、个人生涯规划与组织生涯管理的互动

个人生涯规划是指个体通过对自己的认知、兴趣和职业目标进行规划和管理，以实现个人职业发展和成长的过程。这是一个个体主导的过程，其中个体需要反思自己的兴趣、价值观、技能和目标，并制订相应的行动计划来实现目标。个人生涯规划的重点是个体的发展和满足。

组织生涯管理是指组织为了更好地管理员工的职业发展和提高员工的工作满意度而采取的一系列策略和措施。这是由组织主导的过程，其中组织提供支持、资源和机会，以帮助员工实现个人职业目标。组织生涯管理的重点是员工的发展和组织的利益。

个人生涯规划和组织生涯管理是生涯学中两个重要的领域，个人生涯规划强调的是个体在职业生涯发展过程中主动制定目标、规划路径以及实施策略的过程，而组织生涯管理则侧重于组织对员工职业生涯的支持和管理，帮助员工实现职业目标。个人生涯规划和组织生涯管理是相互关联、相互影响、密切互动的关系。

1. 个人生涯规划对组织生涯管理的影响：个人生涯规划能够帮助个体明确自己的职业目标和发展方向，在求职过程中更有针对性地选择适合自己的组织和岗位，不仅对个体本身有益，也对组织产生积极的影响。通过个人生涯规划，个体可以明确自己的职业发展需求和要求，提高自我管理能力，与组织进行更有效的沟通和协商，增强职业满意度和工作动力，实现双方的共赢。

2. 组织生涯管理对个人生涯规划的支持：组织生涯管理是指组织为员工提供的职业发展支持和机会，如培训、晋升、岗位轮岗等。组织生涯管理可以对个人的职业生涯规划产生积极的影响，组织可以通过制订明确的职业发展政策和规划，提供培训和发展机会，以及给予晋升和奖励等方式来支持员工，使个体可以更好地实现自己的职业目标和发展计划。

3. 组织与个人生涯规划的协调：个人生涯规划和组织生涯管理需要进行有效的互动和协调。个体应该积极参与组织提供的职业发展活动，并将其与自己的生涯规划相结合。组织可以通过定期的职业规划会谈和评估，了解员工的职业发展需求和目标，并提供相应的支持和激励措施，使个体能够实现自己的职业发展目标。个人生涯规划和组织生涯管理的有效协调可以提高员工的职业发展满意度和组织绩效。

4. 组织文化对个人生涯规划的影响：组织文化是组织生涯管理中的重要因素，对个人生涯规划有深远的影响。组织文化包括组织的价值观、信念、规范和行为模式等，能够影响员工对职业发展的态度和行为。在组织文化中，如果强调职业发展和员工的个人成长，那么员工更有可能进行积极的个人生涯规划。相反，如果组织文化缺乏对员工职业发展的支持和关注，那么员工可能会对个人生涯规划失去兴趣和动力。

5. 双向成长与持续发展：个人生涯规划和组织生涯管理的互动可以促进双方的成长和发展。个体通过规划自己的职业生涯，不断提升能力和竞争力，从而为组织提供更多价值，同时要考虑个体的职业发展目标和组织的战略目标之间的关系，确保二者的一致性和互补性。组织通过有效的生涯管理能够留住优秀的员工，激励他们实现个人发展，并为组织的长远发展提供持续的人才储备，创造更大的价值。

综上所述，个人生涯规划和组织生涯管理在职业发展中互相补充、相互促进。个体通过规划自己的生涯可以更好地实现职业目标和个人成长，而组织通过有效的生涯管理可以提高员工的满意度和绩效，进而增强组织的竞争力。通过个人生涯规划和组织生涯管理的互动，可以实现个体和组织的共同发展和利益最大化。组织应重视组织生涯管理，为员工提供必要的支持和资源，以促进组织和员工的共同成长。通过深入研究和实践，可以进一步探索和发展个人生涯规划与组织生涯管理的有效模式和策略，以促进个体和组织的共同发展和成功。

第四章　生涯教育与生涯辅导

生涯教育和辅导是生涯学的重要组成部分，旨在帮助个体实现自我认知、职业发展和生涯规划。在生涯教育和辅导过程中，个体将接受来自教育机构、职业咨询师、家庭以及社会的支持和指导，以便更好地了解自己的职业兴趣、优势和目标，能够做出适合自己的人生决策，并制订达成这些目标的具体计划，进而实现自己的人生价值。

第一节　生涯教育和辅导的概述

一、生涯教育和辅导的概念

生涯教育和辅导的发展可以追溯到 20 世纪初，当时，工业化和城市化的快速发展使人们面临着职业选择和职业发展的新挑战。随着心理学和教育学的发展，生涯教育和辅导逐渐成为一个独立的领域，并被纳入学校教育和职业培训中。

生涯教育和辅导是指通过系统化的教育和个体化的辅导，帮助个体在不同生涯阶段中发展自我认知、职业选择和生涯规划能力，旨在培养个体的生涯意识、生涯决策能力和生涯管理技能，帮助他们适应职业发展的挑战和变化。

生涯教育和辅导的目标是帮助个体实现自我认知、职业意识和职业能力的全面发展。通过对个体的职业兴趣、能力、价值观等方面的指导和支持，帮助个体做出明智的职业选择，并在生涯发展过程中提供必要的帮助和指导。

二、生涯教育和辅导的内容

随着社会的变革与发展，个体在职业生涯中所面临的选择和决策越来越复杂。在这种背景下，生涯教育和辅导显得尤为重要。它们涵盖了职业认知、决策、规划、技能、适应和心理支持等多个领域，有助于个体更好地应对职业发展中的各种挑战。

1. 职业认知：通过职业探索活动，如实地考察、访谈、模拟体验等，帮助个体了解不同职业的性质、要求和发展前景，帮助他们认识到自己的兴趣、价值观和能力与不同职业的匹配程度。

2. 职业决策：提供决策支持和决策技巧，帮助个体做出明智的职业选择。不仅包括了解职业市场的现状和趋势，还包括认识自己的优势和局限性，并在此基础上进行决策。

3. 职业规划：通过制订个人职业目标和计划，帮助个体规划职业发展道路。包括帮助他们了解职业发展的不同阶段和路径，制定可行的职业目标，并制订相应的行动计划。

4. 职业技能：技能是实现职业目标的重要保障。生涯教育与辅导不仅帮助个体了解所需的技能，还提供技能培训和指导，帮助个体提升竞争力，以满足职业市场的需求。

5. 职业适应：帮助个体适应职业环境的变化和挑战，解决职业发展中的困惑和问题，并提供必要的支持和鼓励。

6. 生涯辅导：提供个体在职业发展过程中的心理支持和辅导，包括处理职业决策中的焦虑和压力，解决职业发展中的困惑和挫折，以及提供积极的心理支持和激励。

生涯教育和辅导涉及职业的认知、选择、规划、技能、适应和心理支持等多个方面，旨在帮助个体做出明智的职业选择，充分发挥自己的潜能实现职业目标，是每个人职业发展的坚实后盾。

三、生涯教育和辅导的实践

现今社会充满了竞争，求职市场变化无常，对生涯教育和辅导的需求日益增加。生涯教育和辅导以全人发展的观念，透过各种活动和项目，协助学生了解自己的能力与兴趣，同时更进一步去探索职业的可能性，制定属于自己的生涯规划。

1.学校生涯教育：学校生涯教育是指在学校教育中融入生涯教育的内容和活动。包括生涯教育课程、职业咨询和辅导、实习和实践机会等，旨在帮助学生了解自己、探索职业和制定生涯规划；同时采用互动式的教学法，通过小组讨论、角色扮演、案例分析等方式让学生理解和掌握相关知识。

2.职业咨询和辅导：职业咨询和辅导是一种个性化的服务，通过与专业咨询师交流和合作，帮助个体了解自己的兴趣、价值观和能力，探索职业选项并根据自身情况做出合理的职业选择。

3.生涯教育项目：生涯教育项目是指为特定群体提供的生涯教育和辅导服务。例如，针对失业人员的职业培训项目，不仅为他们提供职业技能的培训，让他们能有更多的职业选择，同时也提供职业辅导服务，帮助他们在失业期间维持良好的心态。为青少年提供的职业体验活动则是通过实习、访谈等方式，让他们亲身体验不同的职业，增加职业涉猎，进一步理解并确定职业兴趣。

4.生涯辅导技术：生涯辅导技术是指用于促进个体生涯发展的具体方法和工具。例如，生涯测评工具可以帮助学生了解自己的性格、兴趣和价值观，有助于他们更好地了解自己，确定生涯目标；生涯规划工具则通过引导和支持个体，帮助学生将生涯目标转化为实际的行动计划，提供明确的方向和步骤，帮助他们制定和实施生涯规划。

四、生涯教育和辅导的未来发展

生涯教育和辅导是人一生都需要的，并且不断地趋于科技化、个性化和跨文化化。

1.科技应用：随着科技的不断发展，我们已经迈入了信息化时代，生涯教育和辅导将越来越多地利用在线平台、虚拟现实和人工智能等技术，有助于生涯教育和辅导更加个性化、灵活和便捷，使得学习过程更有效率。

2. 跨文化生涯发展：随着全球化的推进，跨文化生涯发展将成为生涯教育和辅导的一个重要方向。辅导师需要具备全球视野，既要了解各种文化下的生涯发展模式，也要对于职业市场的变化保持敏感度，这样才能够帮助学生做出恰当的选择，把握国际化机会，创设满意的职业生涯。

3. 培训与发展：生涯教育和辅导不仅仅是学校教育和职业咨询的一部分，还与组织培训和发展密切相关。生涯教育和辅导需要更多地关注组织内部环境，如组织文化、工作条件等，了解并适应员工的需求变化。只有这样，生涯教育和辅导才能真正发挥出其价值，为员工的职业发展引导道路，为组织的长远发展提供有力的人才保障。

总之，生涯教育和辅导是帮助个体实现自我认知、职业发展和生涯规划的重要手段。未来，它将与科技应用、跨文化生涯发展和组织培训等领域相结合，为个体的生涯发展提供更加全面和个性化的支持。

第二节 生涯教育的理念与实践

一、生涯教育的基本知识

（一）国内外研究现状

在国际生涯教育研究方面，美国在生涯发展理论和实践方面取得了显著进展。其中，霍兰德的职业兴趣模型和舒伯的生涯发展理论为生涯指导和规划提供了重要的理论支持。欧洲国家注重将生涯教育纳入教育体系，并通过政策推动职业教育与高等教育的有效衔接。亚洲国家在生涯教育方面面临挑战，但也积极探索符合本国国情的生涯教育模式。

在中国，生涯教育得到了国家层面的重视，并纳入了中长期教育改革和发展规划。政府发布了一系列相关政策文件，明确了生涯教育的目标和任务。学者们在生涯教育理论和实践方面进行了广泛研究，一些研究聚焦于生涯教育的课程设置和教学方法，探索如何培养学生的职业意识、职业素养和职业技能。还有一些研究关注生涯教育的实施效果评估，通过考察学生的职业发展情况和满意度来评估生涯教育的影响。

尽管国内外已经取得了一定的研究成果，但仍存在一些亟待解决的问题。例如，生涯教育理论体系尚不完善，需要进一步整合和深化；生涯教育实践中还存在着资源不均衡和师资队伍建设的挑战；如何评估生涯教育的效果以及如何提高学生参与度等也是需要进一步探索的问题。

（二）生涯教育的概念和特点

生涯教育是指通过一系列的教育活动和服务，帮助个体在不同阶段的生涯发展中获得必要的知识、技能和能力，做出明智的决策，实现个人发展和社会适应的目标。生涯教育的目的是培养学生的职业意识、职业能力和职业素养，使其能够适应社会的发展和变化，实现自身的职业发展和生涯规划。

生涯教育强调将学习与个人发展紧密结合，使学生能够更好地适应不断变化的职业环境，并提供必要的技能和知识来实现个人、职业和教育目标。生涯教育不仅关注个体的职业选择和职业规划，还关注个体的职业发展和适应能力的培养。其主要特点包括：

1. 经验导向：生涯教育注重通过实践和体验来培养学生的职业素养，如实习、实训和参观等活动。

2. 自主性：生涯教育鼓励学生主动参与和探索，强调个体的自我认识、自我管理和自我决策能力的培养。

3. 个体化：生涯教育强调根据个体的特点和需求提供个性化的支持和指导，帮助个体制订适合自己的职业发展计划。

4. 多元化：生涯教育涵盖多个层面，包括学业、职业、社交和个人发展等，以全面促进学生的成长，生涯教育关注个体的多元需求和多元发展路径，不仅关注传统的职业发展路径，也关注个体在不同领域和角色中的职业发展。

5. 持续性：生涯教育是一个长期过程，伴随着人生的整个学习生涯，从小学到大学阶段都需要关注和实施，不仅在学校阶段进行，也贯穿于整个职业生涯。个体在不同阶段都需要不断更新自己的职业知识和技能。

（三）生涯教育的重要性

生涯教育对个人和社会发展都具有重要意义，应得到教育界和社会的充分重视和支持。

1. 个人发展：通过生涯教育，学生可以了解自己的兴趣、能力和价值观，有效规划和管理职业生涯，实现个人成长和自我发展。

2. 就业竞争力：现代社会对就业者的要求越来越高，具备良好的职业素养和技能已成为求职者的必备竞争力，生涯教育为学生提供了必要的就业准备。

3. 社会发展：生涯教育有助于培养适应社会需求的人才，引导学生选择适合自己的职业，为社会提供多样化的人力资源，促进社会的稳定与发展。

4. 职业满意度：通过生涯教育，个体能够更好地匹配自身兴趣和能力与职业需求，减少职业转换和不适应带来的不满和压力，提高职业满意度。

生涯教育的理念和实践旨在帮助个体在职业生涯中做出明智的决策，提供必要的支持和资源，以实现个体的职业发展和成长。通过生涯教育，个体可以更好地了解自己的兴趣、能力和价值观，了解职业市场和行业动态，制订适合自己的职业发展计划，并不断提升自己的职业技能和素质。生涯教育对于个体的职业发展起到了重要的推动作用，同时也对社会的人力资源开发和社会经济的发展有着积极的影响。

二、生涯教育的内涵与目标

（一）生涯教育的内涵

生涯教育是指通过教育和培训，帮助个人获得职业生涯所需的知识、技能。它关注个体整个职业生涯的发展，旨在提供终身学习的机会和支持，以适应不断变化的职业环境和需求。包括以下几个方面的内容：

1. 职业意识和认知：培养学生对不同职业领域的认知和理解，帮助他们了解自己的兴趣、能力和价值观，以及职业的多样性和发展机会。

2. 职业规划和目标设定：引导学生进行职业规划，帮助他们设定职业目标，并制定实现目标的具体计划和行动步骤。

3.职业技能和素养培养：培养学生所需的职业技能，如沟通能力、团队合作、问题解决、创新能力等，同时注重培养职业道德和职场素养。

4.职业决策和管理：提供决策支持和咨询服务，帮助学生做出职业决策，并学习如何管理自己的职业生涯，包括调整、转岗、进修等。

5.职业发展资源和支持：提供就业市场信息、职业导师指导、实习机会，以及职业咨询和培训等资源，为学生提供必要的支持和帮助。

（二）生涯教育的基本原则

生涯教育的基本原则包括：

1.全面性原则：生涯教育要综合考虑学生的个人、职业和社会发展需求，注重培养学生多方面的素养。

2.连续性原则：生涯教育应贯穿于各个教育阶段，从小学开始，延续到高中和高等教育阶段，形成一个有机系统。

3.实践性原则：生涯教育强调学以致用，将学习和实践相结合，提供真实的职业体验和机会。

4.个性化原则：生涯教育要尊重学生的个体差异，关注每个学生的兴趣、能力和特长，提供个性化的职业规划指导。

（三）生涯教育的目标

生涯教育的目标是培养学生的职业素养和能力，帮助他们实现个人职业目标并适应不断变化的职业环境。通过生涯教育的实施，学生将能够做出明智的职业决策、积极主动地管理职业生涯，并在职业领域中取得成功。

1.具体目标

帮助学生了解自己：通过职业探索和评估，帮助学生认识自己的兴趣、优势、价值观和职业目标，形成清晰的职业认知。

提供职业规划支持：引导学生制订职业规划和发展计划，帮助他们设定明确的目标并制定实现目标的步骤和策略。

培养职业素养和技能：通过培训和实践机会，提升学生的沟通、团队合作、问题解决和创新能力，培养良好的职业道德和职场素养。

提供决策支持和管理技能：为学生提供决策辅导和咨询服务，帮助他们做出职业决策并学会管理自己的职业发展。

提供职业资源和支持：为学生提供就业市场信息、职业导师指导、实习机会等资源，帮助他们更好地适应职业发展的挑战和机遇。

2. 分阶段目标

小学阶段是学生生涯教育的起点，主要目标是培养学生的基本学习能力和生活技能，为未来的学习和职业发展打下基础。初中阶段是学生生涯教育的发展时期，主要目标是帮助学生了解自己的兴趣和能力，为高中学习和职业规划提供指导。高中阶段是学生生涯教育的关键时期，主要目标是帮助学生进行深入的职业规划和高等教育选择。大学是学生进行职业教育和职业培训的重要阶段，主要目标是培养学生具备实际职业技能和就业能力。

通过达成以上目标，生涯教育帮助个体实现职业生涯的成功和满意度，促进个体的职业发展和成长。此外，生涯教育还有助于社会和经济的发展，提高人才流动性和适配性，促进就业机会的增加和产业结构的优化。

三、生涯教育的内容与方法

（一）生涯教育的基本内容

生涯教育的基本内容包括职业教育、职业指导和职业培训等。职业教育是指通过学校教育和社会教育培养学生的职业意识、职业能力和职业素养，使其能够适应社会的发展和变化。职业指导是指通过个体与职业发展的对话和交流，帮助个体了解自己的兴趣、能力和价值观，做出明智的职业选择。职业培训是指通过培训机构和企业组织提供与职业发展相关的知识和技能培训，帮助个体提高职业能力和竞争力。

在小学阶段，生涯教育的基本内容主要包括职业意识的培养、职业兴趣的发展和职业价值观的形成等。通过开展职业教育活动和职业体验活动，帮助学生了解不同职业的特点和要求，培养学生的职业意识和职业兴趣。同时，通过开展职业教育课程和职业教育活动，引导学生形成正确的职业价值观，培养学生的职业道德和职业素养。

在初中阶段，生涯教育的基本内容主要包括职业规划的制定、职业决策的实施和职业适应的培养等。通过开展职业规划课程和职业规划活动，帮助学生了解自己的兴趣、能力和价值观，制定个人的职业规划。同时，通过开展职业决策课程和职业决策活动，引导学生做出明智的职业选择。此外，通过开展职业适应课程和职业适应活动，培养学生的职业适应能力和职业发展能力。

在高中阶段，生涯教育的基本内容主要包括职业发展的规划、职业能力的培养和职业素养的提升等。通过开展职业发展课程和职业发展活动，帮助学生了解不同职业的发展前景和要求，制订个人的职业发展计划。同时，通过开展职业能力课程和职业能力培训，提高学生的职业能力和竞争力。此外，通过开展职业素养课程和职业素养培养，培养学生的职业道德和职业素养。

在大学阶段，生涯教育的基本内容主要包括职业实践的培养、职业创新的培养和职业发展的指导等。通过开展职业实践课程和职业实践活动，提高学生的职业实践能力和职业经验。同时，通过开展职业创新课程和职业创新活动，培养学生的职业创新能力和创业精神。此外，通过开展职业发展指导和职业发展咨询，帮助学生制定个人的职业发展计划和实施职业发展。

（二）生涯教育的常见方法

生涯教育的内容和方法可以根据学生的发展需求和目标进行选择和组合。下面是一些常见的生涯教育内容和方法：

1. 职业探索

提供职业信息：为个体提供全面、准确的职业信息和资源，包括职业介绍、职业需求、职业发展路径，以及不同职业领域的介绍、工作内容、薪酬待遇等，帮助个体了解职业市场和行业动态。

职业兴趣测试：通过测验和评估学生的职业兴趣和倾向，帮助他们了解自己的偏好和适合的职业领域。

职业访谈：邀请从业人士来校分享自己的职业经验和故事，给学生提供直接的职业触角。

2. 职业规划

职业目标设定：引导学生制定明确的职业目标和发展计划，帮助他们了解自己的长期职业愿景并制定可行的步骤。

职业规划工具：教授学生使用职业规划工具，如个人发展计划、职业路径图等，帮助他们整理和规划职业发展方向。

职业规划课程：开设相关的课程，教授学生职业规划的基本知识和技能，如目标设定、自我营销等。

3. 职业技能培养

职业素质培养：教授学生职业道德和职业道德准则，提升他们的职场素养和人际交往能力；为个体提供职业技能培训，包括基础技能、专业技能和职业素养的培养，以提高个体的就业竞争力和职业发展潜力。

软技能培训：开展培训课程或工作坊，培养学生的沟通能力、团队合作能力、问题解决能力等。

实践机会：通过实习、实训、志愿者活动等实践活动，为个体提供职业实践的机会，帮助个体积累工作经验和发展职业能力。

4. 职业决策与管理

决策支持：提供决策辅导和咨询服务，通过个体与专业咨询师的交流和互动，帮助个体深入了解自己的兴趣、能力和价值观，帮助学生做出明智的职业决策，包括职位选择、行业选择等，并结合职业信息提供个性化的职业建议和规划方案。

职业导师制度：建立学生与资深从业人士之间的导师关系，提供个别指导和支持，帮助学生进行职业决策和规划。

职业发展资源：提供就业市场信息、求职技巧、职业发展资讯等，帮助学生管理自己的职业发展；帮助个体建立职业网络和社交资源，包括与行业专家、职业导师、职业同行的联系和交流，以提供更多的职业机会和资源支持。

以上只是一些常见的生涯教育内容和方法，学校和教育机构可以根据实际情况进行选择和定制化设计，以满足学生个体化的需求和发展目标。此外，学校、家长和社会资源等也可以在生涯教育中发挥重要的支持和作用。

四、生涯教育的基本问题及正反案例

(一)生涯教育面临的基本问题

生涯规划意识不足：许多人在职业选择和发展方面缺乏清晰的目标和规划，对自己的兴趣、能力和价值观了解不足，缺乏对各种职业路径的认知，在职业发展中迷茫和不确定。

信息不对称：大量的职业信息存在不对称现象，某些职业的信息更容易获取，而其他职业的信息较为有限。个体难以获得全面、准确、及时的职业信息，对可行的职业选择了解不足。

教育与职业需求不匹配：教育体系中的课程设置和培养模式与实际职业需求之间存在脱节，个体在接受教育过程中未能获得与职业相关的技能和知识，毕业后难以适应职场要求。

快速变化的职业环境：科技发展和经济变革加速了职业环境的变化，新兴行业和职业不断涌现，传统职业不断消失或转型，个体需要不断学习和适应新的职业要求，但教育系统未能及时跟进。

跨学科能力培养不足：现代职业要求个体具备跨学科的综合能力，而传统的专业教育往往偏重于某一领域的知识和技能，限制了个体在职业发展中的灵活性和竞争力。

为解决这些问题，生涯教育需要加强对个体的职业意识培养，提供全面、准确的职业信息，优化教育体系与职业需求的匹配，积极面对职业环境的变化并提供相应的培训机会，同时重视跨学科能力的培养，以帮助个体实现有意义、成功的职业发展。

(二)正面案例

正面案例是指通过生涯教育的实践活动和服务，帮助学生实现个人发展和职业规划的成功案例。小学正面案例包括学生通过职业教育活动和职业体验活动，了解不同职业的特点和要求，培养职业意识和职业兴趣，形成正确的职业价值观。初中正面案例包括学生通过职业规划课程和职业规划活动，制定个人的职业规划，做出明智的职业选择，培养职业适应能力和职业发展能力。高中正面案例包括学生通过职业发展课程和职业发展活动，了解不同职业的发展前景和要求，制订个人的职业发展计划，提高职业能力和竞争力，培养职业道德和职业素养。大学正面案例包括学生通过职业实践课程和职业实践活动，提高职业实践能力和职业经验，培养职业创新能力和创业精神，实现个人的职业发展和创业目标。

（三）反面案例

反面案例是指通过生涯教育的实践活动和服务，未能帮助学生实现个人发展和职业规划的失败案例。小学反面案例包括学生在职业教育活动和职业体验活动中，未能了解不同职业的特点和要求，未能培养职业意识和职业兴趣，形成不正确的职业价值观。初中反面案例包括学生在职业规划课程和职业规划活动中，未能制定个人的职业规划，未能做出明智的职业选择，未能培养职业适应能力和职业发展能力。高中反面案例包括学生在职业发展课程和职业发展活动中，未能了解不同职业的发展前景和要求，未能制订个人的职业发展计划，未能提高职业能力和竞争力，未能培养职业道德和职业素养。大学反面案例包括学生在职业实践课程和职业实践活动中，未能提高职业实践能力和职业经验，未能培养职业创新能力和创业精神，未能实现个人的职业发展和创业目标。

五、生涯教育的重点与评价

（一）生涯教育的重点

生涯教育面临的重点问题包括学生的主要困惑和心理问题等。学生的主要困惑包括职业选择的困惑、职业发展的困惑和职业适应的困惑等。心理问题包括职业焦虑、职业压力和职业决策困难等。解决这些问题的方案包括开展职业教育活动和职业指导活动，提供心理咨询和心理辅导，建立职业发展支持系统和职业发展服务网络等。

1.学生的主要困惑

在生涯教育中，学生面临着各种各样的困惑，如对未来的迷茫、对自己的认知不足、对职业选择的困难等等。了解学生的主要困惑，可以帮助教育者更好地制定解决方案，提供有效的生涯教育支持。

（1）职业选择困难：学生在面临职业选择时，常常感到困惑和迷茫。由于不清楚自己的兴趣和优势所在，不了解不同职业的具体要求和发展前景，很难做出明智的职业选择，或者受到外界影响做出错误的决策。

（2）缺乏职业认知：许多学生对不同职业的认知不足，缺乏对职业的全面了解，只知道一些常见的职业，而对于一些新兴的职业或者特殊的职业了解甚少，无法全面评估自己的兴趣和能力与不同职业的匹配度，从而影响了职业选择。

（3）压力和焦虑：学生在面临职业选择时，常常感到压力和焦虑，担心自己的选择会影响未来的发展，担心自己无法找到满意的工作，担心自己的能力和兴趣无法与职业要求匹配，从而会影响学生的决策能力和自信心，使他们更加困惑和迷茫。

（4）缺乏实践经验：学生在职业选择过程中，可能只是听说或者看到一些职业的表面信息，缺乏实际的体验和了解，从而无法真正了解不同职业的工作内容和要求，无法判断自己是否适合从事某个职业。

（5）社会期望和家庭压力：学生在职业选择中，常常受到社会期望和家庭压力的影响，如父母、老师、亲戚等的期望和压力，使学生在职业选择中感到困惑和无力，无法真正按照自己的兴趣和能力做出决策。

了解这些困惑可以帮助教育者更好地制定解决方案，提供有效的生涯教育支持。在解决学生的困惑时，可以通过提供职业咨询和指导、开展职业探索活动、提供实践机会等方式，帮助学生更好地认识自己、了解职业、做出明智的职业选择。同时，也需要关注学生的心理健康，提供心理支持和辅导，帮助他们应对职业选择中的压力和焦虑。只有通过综合的支持和指导，才能帮助学生在生涯教育中克服困惑，实现自己的职业发展目标。

2. 学生的心理问题

学生在成长过程中面临着各种各样的心理困惑和挑战，会对他们的学业和生涯规划产生负面影响。因此，了解和解决学生的心理问题是生涯教育的重要任务之一。学生在生涯教育过程中可能会面临以下心理困惑：

（1）自我认知困惑：学生对自己的兴趣、能力和价值观缺乏清晰的认知，不知道自己适合从事哪种职业或专业。

（2）压力和焦虑：学生面临着来自学业、家庭和社会的各种压力，会感到焦虑和不安。

（3）自信心不足：学生对自己的能力和潜力缺乏信心，害怕面对未来的挑战。

（4）对未来的迷茫：学生对未来的职业发展和生涯规划感到迷茫，不知道如何选择适合自己的道路。

（5）社交困难：学生在人际交往中可能会遇到困难，不擅长与他人建立良好的关系。

（6）情绪管理问题：学生可能会面临情绪波动和情绪管理困难，无法有效地处理自己的情绪。

为了帮助学生解决心理问题，生涯教育需要提供相应的解决方案。以下是一些常见的解决方案：

（1）心理咨询和辅导：学校提供心理咨询和辅导服务，帮助学生解决心理困惑和问题。心理咨询师与学生进行面对面地交流，帮助他们理清思路，增强自信心。

（2）情绪管理培训：学校组织情绪管理培训课程，教授学生如何有效地管理自己的情绪，如情绪识别、情绪调节和情绪释放等方面的内容。

（3）自我认知培养：学校通过各种方式培养学生的自我认知能力，帮助他们了解自己的兴趣、能力和价值观，如自我评估测试、职业探索活动和个人发展计划等。

（4）社交技巧培训：学校可以组织社交技巧培训课程，教授学生如何与他人建立良好的关系，如沟通技巧、合作能力和人际关系管理等方面的内容。

（5）增强自信心：学校可以通过鼓励和肯定学生的努力和成就，帮助他们增强自信心。同时，学校还可以提供一些成功案例和榜样，激励学生积极面对挑战。

通过以上的解决方案，学校可以帮助学生解决心理问题，提升他们的心理素质和生涯发展能力。另外，学校还可以与家长和社会资源合作，共同为学生提供更全面的支持和帮助。

(二) 生涯教育的评价

随着社会经济的不断发展和人才竞争的加剧，生涯教育作为一种全新的教育模式受到越来越多人的关注和重视。生涯教育旨在帮助个体发现自身的兴趣、优势和潜力，并提供相关的教育和培训，以帮助他们实现个人职业的发展和成功。生涯教育的评价是确保其有效性和质量的重要环节。

1. 生涯教育的评价因素

首先，生涯教育的评价需要综合多方面的考量。生涯教育的目标是帮助个体实现职业发展，这就要求评价不仅仅关注学生在学校的学习成绩，还要考虑他们在实际工作环境中的应用能力和职业技能。因此，评价生涯教育的有效性需要通过职业素质测试、实践能力考核、职业导师评估等来综合评判学生的职业发展潜力和能力水平。

其次，生涯教育的评价需要注重个别差异和多元性。每个人的兴趣、能力和目标不同，因此评价生涯教育的标准也应具有灵活性和个性化。评价应该根据个体的实际情况来制定，给予个体充分发展的空间和机会。只有这样，才能真正发掘个体的潜能，并为他们提供适合的教育和培训资源。

再次，生涯教育的评价需要充分考虑多维度的因素。生涯发展不仅仅局限于职业方面，还包括个人生活、社交关系、心理健康等方面。因此，在评价生涯教育时，需要综合考虑学生在多个方面的表现和发展。例如，通过社交能力、人际交往和心理健康等方面的测评，来评估学生在职业发展过程中的综合素质和能力。

此外，生涯教育的评价还应符合公平与公正的原则。由于社会资源的差异和不平等，一些学生可能面临更多的挑战和困难。因此，在评价中应该采用多种方式来平衡不同学生之间的差异，为每个学生提供公平的竞争机会，包括提供额外的学习资源、个性化的辅导和指导，以及在评价中采取特殊权重等措施。

最后，生涯教育的评价还应与实际需要相结合。评价的目的是为了提供反馈和改进的机会，而不仅仅是为了排名和比较。评价结果应该与实际职业市场和行业需求相结合，为学生提供准确的职业发展方向和建议。只有这样，学生才能真正受益于生涯教育，并实现自己的职业目标。

总之，生涯教育的评价是一个复杂而重要的问题，需要综合多方面的考量，注重个别差异和多元性，关注多维度的发展，并符合公平与公正的原则。评价结果应该与实际需求相结合，提供准确的反馈和改进机会。只有这样，生涯教育才能真正发挥其作用，帮助个体实现职业发展和成功。

2.生涯教育的评价过程

生涯教育的评价过程可以从学生的角度和教育机构的角度进行。

（1）学生评价

学生满意度：通过调查问卷或面谈等方式了解学生对生涯教育的满意度，包括对提供的资源、活动和指导的评价；可以与一些学生进行个别访谈或组织焦点小组讨论，深入了解他们对生涯教育的意见、建议和体验分享，从而提供更具体和质性的反馈，便于发现问题和改进点。

职业准备度：评估学生在职业选择、规划和发展方面的准备程度，如他们是否具备必要的职业技能和知识。要求学生记录他们在生涯教育过程中的体验、感受和收获，或者填写反馈表，以便能够自主表达对生涯教育的看法和评价。

就业成果：跟踪毕业学生的就业情况和职业发展轨迹，了解他们在就业准备和职业规划方面得到的帮助，以及是否与生涯教育服务的满意度有关。生涯教育的实施需要考虑到个体的需求和背景差异。例如，不同年龄段的人可能需要不同类型和水平的生涯教育支持。评价生涯教育的实施方法和组织结构的有效性主要看就业成果，以确保其对不同个体的普遍性和适应性。

（2）教育机构评价

教育资源：评估教育机构所提供的生涯教育资源是否多样和全面，涵盖了各个领域和行业的信息和支持。资源包括职业指导、职业规划工作坊、实习和实践机会、职业教育课程等，这些资源的可靠性和可及性对个体的职业发展至关重要。评估教育机构为不同学生提供生涯教育资源的可及性和平等性，是否针对不同背景、需求和能力的资源和支持。教育机构应确保资源对所有学生都是公平可及的，而非受限于特定群体或条件。

教学效果：观察学生的学习成果和职业发展表现，评估教学的有效性和影响力，如学生在职业技能方面的提升，是否有经验丰富的专业人员提供指导和支持，是否与行业合作伙伴建立了良好关系，在内容和形式上是否符合最新的行业趋势和需求。

标准达成：检查生涯教育的目标是否能够被学生实现，并进行相应的调整和改进，如对课程设置、教学方法等方面的反思。评估教育机构是否建立了有效的评估反馈和改进机制，以不断改善生涯教育水平，达成生涯教育目标。

（3）生涯教育的反思

评价和反思的目的是为了提高生涯教育的效果和质量。根据评价结果可以进行以下反思和改进：

优化资源配置：根据学生的需求和反馈合理配置生涯教育的资源，提供更多针对性的活动和指导，包括职业咨询、职业导航、实践经验等，帮助个体更好地了解自己的兴趣、价值观和能力，做出更明智的职业选择。

更新课程内容：关注职业市场的变化趋势，及时更新课程内容，使其与实际需求保持一致。注重培养个体的核心素养，如批判性思维、创新能力、沟通和合作能力等，对个体的职业发展和生活成功至关重要。

增强教师专业能力：提供教师培训和专业发展机会，提高他们在生涯教育方面的专业知识和指导能力。同时提供多样化的选择和支持，满足不同个体的需求。

搭建校企合作平台：与企业建立密切联系，提供实践机会和就业机会，增加学生的实践经验和就业竞争力。生涯教育需要与实际职业环境相结合，提供实践机会和职业导师的指导，让个体能够更好地了解职业现实、发展机会和要求。

强化学生成长跟踪：建立学生档案和跟踪机制，了解他们的职业发展情况，并根据需要提供进一步支持和指导。鼓励个体在不同阶段不断更新知识和技能，适应职场环境的变化和个人职业目标的调整。

对生涯教育的评价与反思是确保其质量和效果的关键，通过评价和反思可以不断改进和提升生涯教育的质量，确保与学生和职业市场的需求相匹配，更好地满足个体的需求和期望。

六、生涯教育研究展望

在生涯教育理论和实践中，仍然存在一些问题和不足之处，包括职业指导师队伍建设不到位，无法满足学生个性化的需求；实践机会有限，限制了学生的实际操作经验和职业发展；就业信息和资源不足，导致学生对就业市场了解不足；生涯教育与学科教育脱节，影响学生综合素质的提升。

未来的研究可以从以下几个方面展开：

1. 加强职业指导师队伍建设。研究如何培养职业指导人才，提高其专业素养和能力，满足学生个性化的职业咨询需求。

2. 拓宽实践教育渠道。研究如何与企事业单位建立更紧密的合作关系，增加学生的实习实训机会，提供更多实践锻炼的机会。

3. 增强就业信息和资源的共享。研究如何与社会各界建立更好的联系，提供更全面的就业信息和资源支持，帮助学生更好地适应就业市场变化。

4. 探索生涯教育与学科教育的有机结合。研究如何将生涯教育融入学科教育中，使其相互促进，培养全面发展的高素质人才。

5. 加强家庭和社会的支持。家庭和社会是学生职业发展的重要支持系统，应加强与家长和社会资源的合作。组织家长和社区的生涯教育培训，提高他们对生涯教育重要性的认识，增强他们对学生的支持和引导。

通过未来研究的努力，我们可以进一步完善生涯教育理论和实践，提高大学生涯教育的质量，为学生的职业发展提供更好的支持和指导。

第三节　生涯辅导的原则与技巧

一、生涯辅导的原则和内容

生涯辅导是指通过专业的指导、咨询和支持，帮助个体在职业发展和生涯规划方面做出明智的决策，旨在帮助个人了解自己的兴趣、能力、价值观和目标，并提供必要的资源和信息，以便制定并实施有关职业选择、职业规划和发展的决策。生涯辅导不仅限于学生阶段，也适用于职场人士的职业转型和发展，可以通过个别咨询、小组讨论、职业测评、工作坊和培训等形式进行。

生涯辅导的目标是帮助个人建立与职业相关的技能、知识和能力，有地解决职业发展中的问题，并制定实际可行的计划和目标。同时，还提供对职业市场的了解和就业机会的指导，帮助个人准备求职材料、面试技巧，以及与雇主和职业机构建立联系。生涯辅导是一个综合性的过程，旨在帮助个人建立积极的职业认知，做出明智的职业决策，实现职业目标促进个人职业成长和发展。

（一）生涯辅导的基本原则

生涯辅导的原则是指在进行职业咨询和支持时所遵循的基本准则和原则。遵守这些原则可以确保生涯辅导的有效性和可靠性，帮助个人实现自己的职业目标并迈向成功的职业生涯。以下是生涯辅导的基本原则：

1.尊重和关注个体差异：每个人都是独一无二的，具有不同的兴趣、价值观、能力和目标。生涯辅导应尊重个体差异，以客观、无偏见的态度对待每个人，针对个体的独特需求和目标进行个性化指导，并根据其个人背景和情况提供量身定制的建议和支持。

2.综合性和系统性：生涯辅导应综合考虑个体的职业、教育、家庭、社交等因素，帮助个体了解自身、认识职业发展的全貌，不仅关注职业发展，还关注个人整体的生活目标和平衡，建立系统的职业发展规划。

3.自主性和责任感：生涯辅导强调帮助个人了解自己，包括个人的兴趣、价值观、优势和目标。通过自我认知，个人可以更好地理解自己的职业需求和适应能力，从而做出明智的职业决策。生涯辅导鼓励个体承担起职业规划和决策的主动性和责任感。辅导者的角色是引导和支持，而不是代替个体做决策。个体应被激励去主动探索、反思和制定职业目标。

4.增强职业认知和信息素养：生涯辅导应帮助个体增强职业认知，包括了解不同职业的特点、要求和发展机会，掌握获取和评估职业信息的技巧，提高职业决策能力，帮助个人实现职业目标，并迈向成功的职业生涯。

5.提供支持和资源：生涯辅导应提供支持和资源，帮助个体探索自我、发展职业目标和规划实施步骤。包括提供信息、分享经验、解答问题、提供咨询和指导等形式的支持，同时提供全面的资源和指导，帮助个人在职业生涯中取得成功。

6.持续性和适应性：生涯辅导应持续进行，随着个体的成长和变化调整和更新。职业是不断变化的，需要不断适应新的环境、技术和机会。生涯辅导是一个持续的过程，不仅仅局限于一次性的咨询或支持，而是为个人提供长期支持，帮助其在职业生涯中适应变化、发展和成长。

7. 保密和合法性：生涯辅导需要遵守保密原则，保护个体的隐私和权益。辅导者应根据法律法规进行咨询和指导，保持客观、公正和负责任的态度，不对个人做出过于主观的评价或决策，确保辅导过程的合法性和道德性。

综上所述，生涯辅导的基本原则是尊重和关注个体差异，综合考虑个体的多个方面，鼓励个体的自主性和责任感，增强职业认知和信息素养，提供支持和资源，持续更新和适应变化，以及遵守保密和合法原则。这些原则共同构建了一个有利于个体全面发展和实现职业目标的辅导环境。

（二）生涯辅导的主要内容

生涯辅导是指为学生提供关于职业发展和规划的支持和指导的过程，旨在帮助学生了解自己的兴趣、能力和价值观，探索不同的职业领域，制定职业目标，并为实现这些目标制订相应的计划和策略。以下是关于生涯辅导的一些重要方面：

1. 职业探索：帮助学生了解自己的兴趣、优势、价值观和目标，引导他们进行职业探索和选择，包括提供职业测评工具、探索不同职业领域的信息和资源，促使学生对自己的职业偏好有更深入的认识，明确自己的职业优势。在职业探索过程中要保持开放和积极主动的态度，不断尝试、学习和反思。探索过程需要时间和经验的积累，通过不断的努力和探索，能够更清晰地了解自己，并为未来的职业决策打下坚实的基础。

2. 职业规划：旨在帮助个人在职业生涯中明确目标、制定计划和实施行动，以实现个人职业发展的愿景和目标。生涯辅导师提供指导和建议，帮助学生制订切实可行的目标和计划，以及相应的行动步骤。在职业生涯中，个人的职业目标和条件可能会发生变化，因此职业规划需要持续更新，通过积极、动态的职业规划，更好地掌握自己的职业生涯，实现个人成长和职业成功。

3. 职业技能培养：通过学习和训练，提升个人在特定职业领域内所需要的技能和知识，包括帮助学生发展求职技巧（如简历撰写、面试技巧），提供实习和实践机会，以及培养与职业相关的软技能（如沟通能力、领导能力等）。实践经验对于职业技能培养非常重要，通过参加实习项目、志愿者工作或副业，个人可以获得在实际工作环境中锻炼和应用职业技能的机会。实践经验有助于巩固理论知识，培养解决问题和应对挑战的能力。职业技能培养是一个终身学习的过程，良好的职业技能对于个人的职业发展至关重要，能够帮助个人在工作中表现更加出色，并提高就业竞争力和发展潜力。

4.就业咨询和支持：为学生提供关于就业市场的信息、职业导向资源和就业机会的指导。生涯辅导师可以提供个人化的就业建议和指导，帮助个人明确职业目标，了解自己的优势和兴趣。就业咨询和支持机构通常会组织求职技巧培训课程，包括面试技巧、自我介绍、职业素养等，帮助个人提升求职的能力，更好地应对招聘过程中的挑战。除了传统就业，就业咨询和支持也可以提供创业指导服务，帮助有创业意愿的个人了解创业流程、制订商业计划、获取创业融资等。

5.职业转型和发展：为已经就业的学生提供职业转型和职业发展支持，是个人在职业生涯中主动选择或被迫面临职业变化，并通过学习、培训和发展来适应新的职业环境和需求的过程，包括帮助个人评估当前职业状况，并提供战略性建议来实现职业增长和发展。在进行职业转型之前，个人应进行自我评估，了解自己的兴趣、价值观、能力和技能，这有助于确定适合的职业方向，并为未来的发展做出明智的决策。职业转型和发展是一个具有挑战性但也充满机遇的过程，个人需要保持积极的心态、灵活性和适应能力，不断提升自己以适应职业市场的需求变化。

总之，生涯辅导旨在帮助学生获得对职业发展更深刻的认识，并提供必要的资源和指导来实现职业目标。做出明智的职业决策，为未来打下良好的基础。

二、生涯辅导的沟通技巧

沟通技巧在生涯辅导中至关重要，能够帮助个体有效地传达信息、理念和观点，实现富有成效的交流。同时，记得倾听对方的反馈和问题，积极解答疑惑，建立良好的沟通和理解关系。沟通技巧可以帮助辅导者与个体建立良好的合作关系，促进相互理解和信任，从而更有效地提供生涯辅导支持和指导。常用的生涯辅导沟通技巧有：

1.倾听和理解：倾听是沟通的基础。当个体表达他们的想法、需求和情感时，辅导者应全神贯注地倾听个体的言辞、情感和需求，聆听他们的话语和非语言表达，努力理解其观点、感受和意图，如面部表情、身体姿势和眼神交流。非言语信号有时可以提供更多的信息，有助于理解个体的情感状态和需求。积极倾听，充分理解个体的想法和感受，是对个体的关注和尊重。

2. 提问和激发思考：提问是引导个体深入思考和探索的重要手段。通过巧妙的问题，辅导者可以激发个体的主动性和探索欲望，帮助其深入思考自己的兴趣、能力和目标，更好地规划和实现自己的职业生涯目标。开放性问题可以激发个体深入思考和表达自己的想法，而指导性问题则可以引导其向特定方向思考。

3. 清晰表达和解释：辅导者需要清晰地表达自己的观点和建议，使用简练、明确的语言避免歧义，确保个体准确理解。如果涉及专业术语或复杂概念，辅导者应解释清楚，确保个体能够理解。为了更好地解释和阐述观点，可以使用具体的相关实例，帮助个体更好地理解。对于较为复杂的观点或流程，将其分解成简单的步骤或部分，逐步解释，使个体更好地跟随辅导者的思路，并逐步理解整体的概念或过程。

4. 鼓励和肯定：注重积极肯定和鼓励个体的努力和成就，激发个体的积极性、自信心和动力，帮助他们更好地面对挑战，追求职业发展目标。辅导者可以使用积极的语言和表情，鼓励个体尝试新的想法和行动。感受到辅导者的支持和赞赏，个体会更加积极投入、乐于分享和探索。当个体取得进步或取得成就时，要即时给予肯定和赞扬。培养个体积极的思维方式，转变他们消极的想法，激励他们寻找积极的解决办法。

5. 适当透露自身经历：在生涯辅导中，适当透露自身经历有助于建立与个体的连接和共鸣，并为他们提供实际的参考和启发。在透露自身经历时要注意确保与个体的目标和情境相关，选择与个体面临的挑战或职业发展阶段相关，从而能够提供有针对性的建议和启示。在透露自身经历时，要谨慎处理个人隐私和保密性问题，确保不涉及涉及敏感信息或可能违反法律法规的内容。透露自身经历的时机也很重要，确保是在与个体建立了一定的信任和互动基础时，避免在初次见面或对方处于紧张状态时太过早或过于频繁地透露个人经历。

6. 引导和反馈：辅导者应该以引导者的角色，帮助个体思考和制订行动计划。

通过反馈个体的观点、进展和决策，辅导者可以帮助个体进行自我评估和修正。跟踪个体的职业发展进度，并及时给予反馈，反馈应该客观、具体和建设性，帮助个体认识到优势和改进的方向，清晰地指出他们的成长和改进之处，同时提供具体的建议和支持。如果辅导者不确定或无法回答某个问题，应坦率告知，并表示自己会努力获取相关信息，避免误导或隐瞒信息，以建立可信度和信任。

7. 真诚和尊重：生涯辅导中的沟通应建立在真诚和尊重的基础上。辅导者要保持真实和诚信，遵守职业道德规范，真诚地倾听个体的需求、目标和关切，表现出对他们的关注和理解。辅导者通过仔细聆听并提问，表示对他们的重视。同时，尊重个体的个人选择和决策，真诚和具体地表达肯定，尽量避免将自己的偏好或预设观念强加给他们，并确保给予支持和指导，帮助他们实现职业发展的成功。

三、生涯辅导的实施策略

生涯辅导的实施策略可以根据不同的情境和需求进行调整。常见的生涯辅导实施策略有：

1. 自我探索和职业评估：帮助个体了解自己的兴趣、价值观、个性特点和能力，通过使用职业测评工具和展开自我反思，引导个体探索适合自己的职业路径。鼓励个体思考自己的兴趣、优势、价值观和目标，进行个性和价值观评估，以了解自己的倾向和偏好。可以利用一些在线测评工具或与辅导者交流，帮助个体更好地认识自己。

2. 职业研究和信息获取：提供个体获取和评估与职业相关的信息的技巧和资源，包括职业手册、职业网站、行业报告等，帮助个体了解不同职业的要求、机会和发展趋势。

3. 实践和体验机会：鼓励个体通过实习、志愿者工作、暑期工作等方式，亲身体验不同职业领域的工作内容和环境，验证自己的职业兴趣和目标，并积累相关经验。鼓励个体主动探索不同的领域和行业，通过阅读相关书籍、参加讲座、实习等方式来寻找与自己兴趣相关的职业。鼓励个体通过实践获得相关经验，如实习、志愿者工作、项目参与等，帮助他们深入了解不同职业领域，验证兴趣和适应性，并发展相关技能。

4. 职业规划和目标设定：协助个体制定明确的职业目标，以及实现目标的具体计划和步骤，包括帮助个体识别关键的职业发展里程碑、设定短期和长期目标，制订行动计划等。在实现目标的过程中，设定明确的里程碑和时间节点，以便更好地跟踪进展和调整计划。里程碑可以是完成特定课程、获得相关认证、参与重要项目等，可以帮助他们在职业发展中更有方向和成效。从而为他们提供一个明确的职业发展路径，增加实现愿景的机会。

5. 职业技能提升：根据个体的职业目标和需求，提供相关的职业技能培训和发展建议，涉及技术技能、沟通技巧、领导力等方面的培养。帮助个体识别自己的技能和能力，包括学术技能、职业技能以及软技能（如沟通能力、领导能力等），有助于他们了解自己在不同职业角色中的潜力和适应性。

6. 学习和教育规划：提供个体制定学习和教育规划的指导，包括选择适合自己的专业领域、学习机构、课程设置等，并提供相关的教育资源和信息。引导个体进行职业调研，了解不同职业的需求、前景和工作内容，可以通过网络搜索、采访行业专家、与从业者交流等方式获取信息，帮助个体对职业有更全面的认知。

7. 建立职业网络和资源：帮助个体建立职业人脉和网络，如参加职业展览会、行业研讨会、社交活动等，并提供相关资源和联系方式以便获取职业机会和支持，包括提供相关的职业信息、就业市场趋势、行业专家的指导和建议，以及与其他从业者的沟通和网络。

8. 应对职业转折和挑战：在个体职业发展过程中，可能会面临各种转折和挑战。辅导者应提供支持和指导，帮助个体面对职业转折、工作压力、职业困惑等，并制定应对策略。职业规划是一个动态过程，需要根据个体的成长和变化做出相应调整和修正。

9. 持续跟进和评估：生涯辅导是一个持续的过程，辅导者应与个体建立长期合作关系，并定期进行评估和反馈。通过跟进个体的进展和需求变化，及时调整和更新职业发展计划。作为辅导者，提供支持和指导，帮助个体整理思路、分析信息，并做出职业决策。使用合适的工具和方法，帮助他们探索自我，并将自我认知与职业目标相结合。

　　以上实施策略要根据个体的具体情境和需求进行灵活调整和组合，从而提供个性化的生涯辅导支持，最大程度地满足个体的需求和目标。

第五章　生涯咨询与评估工具

职业兴趣测试和评估是生涯咨询过程中非常重要的一部分。通过对个体的职业兴趣进行测试和评估，可以帮助个体更好地了解自己的兴趣倾向，并为其职业选择和发展提供指导。不同的测评方法各有其优缺点，选择适合的方法和工具可以提高测试结果的准确性和可靠性。生涯测评的应用不仅可以帮助个体实现自我认知和自我发展，还可以为组织和教育机构提供重要的参考信息，从而促进个体和组织的共同发展。

第一节　职业兴趣测试与评估

一、职业兴趣测试的概念和分类

职业兴趣测试是通过一系列测验和问卷来评估个体对不同职业的兴趣和倾向，帮助个体了解自己在不同职业领域的偏好和适应程度，从而为职业选择和发展提供科学依据。根据测试方法和理论基础的不同，职业兴趣测试可以分为以下几类：

1. 综合性测试：综合性测试试图全面评估个体对各种职业的兴趣程度和倾向。通常采用多种测验和问卷，包括职业兴趣问卷、职业价值观问卷、职业满意度问卷等。通过综合分析个体在不同维度上的兴趣倾向，为其提供更全面和准确的职业选择建议。

2. 特定性测试：特定性测试主要关注某一特定职业领域的兴趣评估。通常采用与特定职业相关的测验和问卷，如医学兴趣测试、工程师兴趣测试等。通过深入评估个体在特定职业领域的兴趣和适应能力，为其提供更具针对性的职业发展建议。

3. 职业导向测试：职业导向测试主要评估个体在职业选择方面的偏好和倾向。通常采用与职业选择相关的心理测验和问卷，如霍兰德职业兴趣测验等。通过评估个体对不同职业类型的偏好，为其提供更适合的职业选择建议。

二、职业兴趣测试的方法和工具

（一）测试方法

职业兴趣测试可以通过多种方法实施，包括自评法、观察法、访谈法和心理测验法等。选择适合的方法可以提高测试结果的准确性和可靠性。

1. 自评法：自评法是最常用的职业兴趣测试方法之一。个体通过填写职业兴趣问卷，评估自己对不同职业的兴趣程度和倾向。这种方法简单、经济，并且可以在较短时间内获取大量数据。由于受到个体主观意识和自我认知的影响，自评法测试结果可能存在一定偏差。

2. 观察法：观察法是通过观察个体在实际职业环境中的表现来评估其职业兴趣。这种方法可以较为客观地评估个体的兴趣和适应程度，但需要耗费较多的时间和人力物力，并可能受到环境因素的影响。

3. 访谈法：访谈法是通过与个体进行深入访谈，了解其对不同职业的兴趣和看法。这种方法可以获取个体更多的信息和细节，但需要专业访谈技巧和较长的时间，同时个体可能受到访谈者的影响而产生偏差。

4. 心理测验法：心理测验法是通过使用特定的心理测验和问卷来评估个体的职业兴趣。这种方法可以客观地评估个体的兴趣倾向，并且有较高的信度和效度。常用的职业兴趣测验工具有霍兰德职业兴趣测验、MBTI 职业兴趣测试等。

（二）测试工具

职业兴趣测试可以在职业顾问或生涯咨询师的帮助下进行，也可以通过网络在线进行。常见的职业兴趣测试和评估工具有：

1. 职业兴趣问卷：通过一系列问题，调查个体对不同职业领域的兴趣程度，帮助个人了解自己对特定类型的工作或活动感兴趣的程度，从而为职业选择、发展规划以及个人生涯决策提供有价值的信息。例如，问卷可能会询问个体对艺术、科学、商业等领域的喜好程度，以及具体职业活动的兴趣。通过了解自己的兴趣，个体可以有目标地选择学习和进修的领域，并寻找适合发展的机会和资源。

2. 职业价值观测试：此类测试旨在帮助个体识别自己在职业选择中重视的因素，如独立性、挑战性、社会影响等，从而为职业选择、发展规划以及个人生涯决策提供有价值的信息有助于个体了解自己对职业环境和工作内容的偏好。了解自己的职业价值观可以帮助个体更好地匹配和适应工作环境，从而提高职业满意度和工作幸福感。

3. 职业性格评估：通过分析个体的性格特点，如性格类型、优势、弱点，确定适合的职业类型，为职业选择、发展规划以及个人生涯决策提供有价值的信息。例如，有些人更适合要求创造性、灵活性和沟通能力的工作，而有些人则更适合要求组织性、分析能力和条理性的工作。职业性格评估有助于个体更好地利用自己的优势，同时意识到需要发展和改进的方面，以实现个人成长和职业发展。

4. 职业能力测验：这些测试用来评估个体在不同职业所需的各种能力方面的表现，帮助个体了解自己的职业能力和强项，从而为职业选择、职业发展规划以及个人生涯决策提供有价值的信息。例如，评估个体的数学能力、领导能力、语言能力等，并与职业的相应要求进行对比。职业能力测验有助于个体发现自己的潜能和发展方向，揭示个体在某些领域具备的潜力和天赋，从而选择适合的职业发展路径，并提供相应的发展建议和学习机会。

职业兴趣测试和评估工具只是一种参考工具，而非决定性因素。个体的职业兴趣受多种因素影响，包括个人经历、教育背景、价值观等。因此，要综合考虑测试结果与个体自身的经验和观察，并与专业的生涯辅导人员一起解读和讨论测试结果，以获取更准确、全面的职业建议。

三、职业兴趣测试的应用

职业兴趣测试在生涯咨询和职业发展中具有广泛的应用价值，有助于个体了解自己的职业兴趣和适应程度，从而做出科学的职业选择。职业兴趣测试还可以帮助个体发现新的职业机会和发展方向，并提供相应的职业规划建议。

同时，职业兴趣测试也可以为组织和教育机构提供重要的参考信息。通过对员工或学生的职业兴趣进行测试和评估，更好地匹配个体与职位或专业领域，提高人员的满意度和绩效表现。此外，职业兴趣测试还可以为教育机构提供指导，制定更科学有效的职业教育计划和课程设置。

在实际应用中，职业兴趣测试通常与其他生涯咨询工具和方法结合使用，例如生涯规划访谈、个体能力评估等。综合使用不同的工具和方法可以为个体提供更全面准确的职业咨询和发展服务。

总之，职业兴趣测试是生涯咨询和职业发展过程中不可或缺的一部分。职业兴趣测试不仅可以帮助个体实现自我认知和自我发展，还可以为组织和教育机构提供重要的参考信息，从而促进个体和组织的共同发展。

第二节　能力与潜能评估工具

能力与潜能评估工具是用来评估个人在各种技能、能力和潜力方面的水平和发展潜力的工具，是生涯咨询中的重要组成部分，有助于个体了解自己在各个领域的潜力，为个人的职业发展提供指导。下面介绍几种常用的能力与潜能评估工具，并探讨它们在生涯咨询中的应用。

一、能力评估工具

能力评估工具旨在评估个体在不同领域的能力水平，以便为个人的职业选择和发展提供依据。常用的能力评估工具有：

1. 职业能力测试：职业能力测试是通过对个体进行各种任务和技能测验，评估其在不同职业所需能力方面的水平。通常包括语言能力、数学能力、空间感知能力、逻辑思维能力等测试。通过职业能力测试，个体可以了解自己能力的优势和不足，从而更好地选择适合自己水平的职业。

2. 能力测试：能力测试主要评估个体在特定领域的专业能力水平，如计算机能力、销售能力、领导能力等。通常包括理论知识测试、技能操作测试、情境模拟测试等测试。通过能力测试，个体可以了解自己在特定领域的能力水平，做出合理的职业发展规划。

3.综合能力评估工具：综合能力评估工具是对个体多方面能力进行评估的工具，综合考察个体在不同领域的能力水平，如智力、情商、社交能力等。通常包括各种心理测验、问卷调查等工具。通过综合能力评估工具，个体可以全面了解自己的能力特点，为职业选择和发展提供参考。

二、潜能评估工具

潜能评估工具旨在评估个体的潜在能力和发展潜力，帮助个体发现自己可能具备但尚未开发的能力。常用的潜能评估工具有：

1.兴趣测验：兴趣测验通过评估个体对不同活动和领域的兴趣程度，帮助个体发现自己的潜在兴趣和职业方向。通常包括问卷调查、情境模拟等。通过兴趣测验，个体可以了解自己对不同职业的兴趣程度，为职业选择提供参考。

2.人格测验：人格测验通过评估个体的人格特征和行为方式，帮助个体发现自己的潜在优势和适应能力。通常包括各种心理测验、问卷调查等。通过人格测验，个体可以了解自己的人格特点，为职业选择和发展提供指导。

3.智力测验：智力测验通过评估个体的智力水平和认知能力，帮助个体发现自己的潜在智力和学习能力。通常包括智力测验、逻辑推理测试等。通过智力测验，个体可以了解自己的智力水平，为学习和职业发展提供参考。

能力与潜能评估工具是生涯咨询中的重要工具之一。能力评估工具有助于个体了解自己在不同领域的能力水平。潜能评估工具有助于个体发现自己可能具备但尚未开发的能力。在实际应用中，咨询师应根据个体的具体情况选择合适的评估工具，并结合其他咨询方法和技巧，为个体提供全面的生涯咨询服务。

能力与潜能评估工具只是提供一种参考和指导，不能决定个体的能力和未来发展方向，应与其他观察、经验和专业指导相结合，以获取更全面和准确的评估结果。

第三节　规划与发展评估工具

生涯规划与发展评估工具帮助个人了解自己的兴趣、能力和价值观，并提供指导和建议，以实现个人职业目标和生涯发展，通常包括问卷调查、测试和测量工具等。常见的生涯规划与发展评估工具：

1. 职业兴趣测试与评估：这些工具旨在帮助个人了解自己对不同职业的兴趣程度。其中最著名的是霍兰德职业兴趣测验，它基于霍兰德职业分类理论将个人兴趣与六种职业类型匹配。

2. 能力与潜能评估工具：这些工具旨在评估个人的技能、知识和潜力。例如，智力测验评估个人的智力水平，技能测试评估个人在特定领域的技能水平，职业能力评估工具用于评估个体在不同领域的技能和能力，从而帮助个体了解自己的能力和优势，以便选择适合发展的职业方向。

3. 生涯规划评估工具：这些工具旨在帮助个人了解自己的目标、价值观和动机，以及兴趣、价值观、性格特点、能力等，通过综合考虑这些因素，帮助个体制订生涯规划和发展目标。

4. 个性特质评估工具：这些工具旨在评估个人的个性特征和性格类型。例如，MBTI 可以评估人的四个维度的偏好，帮助个体了解自己的个性类型和适合的职业选择。

5. 职业价值观评估工具：职业价值观评估工具用于评估个体在职业选择和生涯发展中重视的因素，帮助个体了解自己对职业环境、工作内容和工作价值观的偏好，从而了解自己对不同职业的适应度和满意度。

6. 生涯决策评估工具：这些工具旨在评估个人在生涯决策过程中的决策风格和决策能力。例如，生涯决策自我效能量表可以评估个人在生涯决策中的自信程度，而生涯决策困惑量表可以评估个人在面临生涯选择时的困惑程度。

这些生涯规划与发展评估工具可以帮助个人了解自己的兴趣、能力和价值观，并提供指导和建议，以实现个人职业目标和生涯发展。需要指出的是，这些评估工具的结果应该综合考虑，并与专业的生涯辅导人员或心理学专家一起解读和讨论，以获取更全面和准确的评估结果，并制定有针对性的生涯规划。评估工具只是辅助工具，个人在做出生涯决策时还应考虑其他因素，如个人经验、职业市场需求和社会环境等，个人应保持客观和综合的态度，将评估结果作为参考而不是决策的唯一依据。

第六章　职业生涯规划与发展

　　职业生涯规划是指个人在职业道路上进行有意识的规划和安排，以实现自身职业目标和发展，包括对个人兴趣、能力、价值观等进行评估，对于个人的职业发展和成长具有重要的意义。在进行职业生涯规划时，个体需要遵循一些基本原则，并按照一定的步骤进行规划。同时，还可以借助一些工具和技巧来提高规划的效果。

第一节　职业生涯规划概述

一、研究背景

　　在这个竞争激烈的时代，职业生涯规划和发展对每个人都至关重要。职业生涯规划能够帮助个人更好地了解自己的优势和劣势，选择适合自己的职业，并为未来的发展制定明确的目标和计划。

　　职业生涯规划从根本上影响着个体的职业发展和生活质量。良好的职业生涯规划可以帮助个体更好地适应职业环境的变化，提高职业竞争力，并实现价值最大化。缺乏职业生涯规划的个体往往会陷入迷茫和困惑，无法有效地发展职业生涯。然而，在实际操作过程中，许多人并没有意识到职业生涯规划的重要性或者不知道如何进行。一些人可能会在就业选择上盲目跟从他人或者随波逐流，缺乏长远的规划和目标。这就导致许多人在职业生涯中陷入困境，无法迅速适应职业环境的变化，或者无法找到适合自己的发展方向。

本章旨在探讨职业生涯规划和发展的重要性，并提供一套系统的职业生涯规划方法和策略，帮助个体更好地规划和发展职业生涯，提高就业能力和竞争力，实现职业目标和价值最大化。同时，也可以为相关机构和组织提供参考，改进现有的职业生涯规划服务，更好地满足个体的需求和期望，促进社会的稳定和可持续发展，提高国家整体的竞争力和创新力。

二、职业生涯规划的概念

职业生涯规划是指个体对自己的职业发展进行有目标、有计划地规划和管理的过程。它涉及个体对自身能力、兴趣、价值观等方面的认知，以及对外部环境的了解和适应能力。通过职业生涯规划，个体可以更好地实现自己的职业目标，提升职业竞争力，获得满意的职业发展。

职业生涯规划的核心是个体对自己的认知和对职业发展的规划。个人需要通过自我评估来了解自己的能力、兴趣和价值观，并与职业市场需求进行匹配。在职业探索过程中，个体需要获取各种职业信息，了解不同职业的要求和发展前景。然后，个体需要设定明确的职业目标，并制订相应的职业发展计划。职业发展计划包括制定具体的行动步骤、时间表以及衡量标准，以便个体可以有针对性地实施计划并进行评估和调整。

职业生涯规划的目标是帮助个体实现职业发展的长远目标，并在不同阶段中获得满意的职业成就。通过规划职业生涯，个体可以更好地把握职业机会，提高职业竞争力，避免职业发展的盲目性。同时，职业生涯规划也有助于个体在职业转型、晋升等关键时期做出明智的决策。

职业生涯规划的原则包括个体主动性、终身学习、适应性和灵活性。个体主动性是指个体需要积极主动地参与职业生涯规划的过程，主动寻找发展机会并做出相应的努力。终身学习是指个体需要不断学习和提升自己的能力，以适应职业发展的需求。适应性和灵活性是指个体需要根据外部环境的变化和自身发展的需要，随时调整和修改职业生涯规划。

总之，职业生涯规划是一个综合性的过程，需要个体对自身进行全面认知，了解职业市场的情况，并制订适合自己的职业发展计划。通过职业生涯规划，个体可以更好地实现自己的职业目标，提升职业竞争力，获得满意的职业发展。在不断变化的职业环境中，职业生涯规划具有重要意义，对于个体的职业发展具有指导和促进作用。

三、职业生涯规划和发展的重要性

（一）职业生涯规划的重要性

职业生涯规划对于个人的职业发展和成长具有重要的意义。职业生涯发展是个体在工作和职业方面经历的连续过程，对个人的成长、幸福感和成功至关重要。职业生涯发展的重要性体现在以下几个方面：

1. 实现自我价值和自我实现：职业生涯发展是个体实现自我价值和自我实现的重要途径之一。它能够帮助个体认清自己的优势和劣势，了解自己的兴趣和能力，从而更好地选择适合自己的职业方向。通过不断地学习和成长，在工作中充分发挥自己的能力和潜力，从而获得满足感和成就感。

2. 提升个人竞争力：职业生涯发展可以帮助个体提升专业能力和技能，增强职场竞争力。随着社会的快速发展和变化，职业技能的要求也在不断提高。只有不断学习和发展，才能跟上时代的步伐，适应新的工作环境和要求，并在职场中脱颖而出。

3. 实现个人目标和愿望：职业生涯发展可以帮助个体实现职业目标和愿望。职业生涯规划可以帮助个体明确职业目标，提供明确的奋斗方向。从而更好地规划和实现自己的职业梦想。

4. 增加就业机会和发展空间：职业生涯发展可以为个体提供更多的就业机会和发展空间。随着职业生涯的不断发展，个体可以积累丰富的工作经验和专业知识，提升职场竞争力，从而获得更好的工作机会。同时，职业生涯发展还可以拓宽发展路径，开拓更广阔的职业发展空间。此外，职业生涯规划还能够帮助个体提前做好准备，应对职业生涯中可能遇到的挑战和困难。

5. 提高生活质量和幸福感：职业生涯发展对个人的生活质量和幸福感有着重要影响。通过职业生涯的发展，个体可以获得更好的工作条件、薪酬待遇和福利待遇，提高经济收入和生活水平，同时在工作中感到满足和充实，提高幸福感。

总之，职业生涯发展对个体的成长、幸福感和成功都具有重要意义。通过制订明确的职业目标和计划，不断学习和成长，个体可以提升个人竞争力，增加就业机会和发展空间，实现个人目标和愿望，提高生活质量和幸福感。因此，每个人都应该重视职业生涯发展，并积极规划和管理自己的职业生涯。

（二）自我发展的重要性

自我发展涉及个体对自己的认识、能力的提升和职业素养的培养。自我发展不仅对于个体的职业生涯有着深远的影响，同时也对组织和社会具有积极的作用。

1. 个人层面

（1）提升个人竞争力：随着现代社会的不断发展，职场竞争愈发激烈。只有不断提升自身的能力和知识水平，才能更好地适应职业发展的需求，增强竞争力。

（2）实现个人价值：每个人都有自己的职业理想和追求，只有通过不断地自我发展，才能充分发挥自己的潜力和才华，更好地实现职业目标，为自己的生命注入更多的意义和价值。

（3）提高自信心：通过自我发展，个人能够不断充实知识储备和技能，提高在职业领域的专业水平，从而增强自信心，表现更出色，更有可能取得成功。

（4）适应职业变化：职业生涯中常常会面临各种变化，如职位的调整、行业的转型等。通过自我发展，个体能不断学习新知识、掌握新技能，提高适应力，更好地应对职业变化带来的挑战。

2. 组织层面

（1）增加员工忠诚度：组织重视员工的自我发展，提供学习和成长的机会，可以增加员工的满意度和忠诚度。员工在获得发展机会的同时，也会为组织的发展做出更多的贡献。

（2）提高员工绩效：自我发展可以帮助员工提升技能和能力，从而提高工作绩效。员工的个人成长和职业发展与组织的目标和利益密切相关，通过自我发展，员工能够更好地为组织创造价值。

（3）促进组织创新：自我发展可以培养员工的创新思维和问题解决能力，激发员工的创造力。员工在自我发展过程中获取的新知识和技能可以为组织带来新的思路和方法，促进组织的创新和发展。

3. 社会层面

（1）促进社会进步：个体的自我发展将为社会的进步做出贡献。通过不断提升自身的素质和能力，个体可以更好地适应社会的变化和需求，为社会发展提供更多的动力和支持。

（2）形成良好的职业道德：自我发展不仅包括技术和知识的学习，还涉及职业道德和职业素养的培养。个体通过自我发展，可以形成正确的职业道德观念，遵循职业道德规范，为社会营造良好的职业环境。

（3）传承与发展人类文明：自我发展是人类文明不断进步的重要保证。个体通过自我发展，不仅为自己的职业生涯增添色彩，也为人类社会的进步和发展做出积极的贡献。

综上所述，自我发展在职业生涯规划与发展中具有重要的意义，它不仅对个人的职业生涯具有深远的影响，还对组织和社会产生积极的作用。因此，在职业生涯规划中，个体应高度重视自我发展，通过不断学习、提升能力和素质，实现自身的成长与发展。

四、职业生涯规划的目标与原则

在进行职业生涯规划时，个体需要确立一些具体的目标和原则，以引导决策和行动，确保职业生涯顺利发展。

（一）职业生涯规划的目标

1. 实现个人职业发展的长远目标：这是职业生涯规划的首要目标。通过明确职业愿景和目标，个体可以更好地规划职业生涯，不断进步和成长。

2. 提高职业满意度和幸福感：通过合理的规划和发展，个体可以选择适合自己的职业道路，从而更好地享受工作，提高工作效率和质量。

3. 实现个人与组织的共同目标：通过合理规划和发展，个体可以更好地适应组织需求，为组织发展做出贡献。

4.提高个人竞争力和职业发展的可持续性：通过不断学习和提升能力，个体可以更好地适应职业市场的变化，保持竞争力，并实现长期的职业发展。

（二）职业生涯规划的原则

职业生涯规划的原则是指在进行职业生涯规划时应该遵循的基本原则和准则，对于个人职业发展具有重要的指导作用。

1.自我认知原则

自我认知是职业生涯规划的基础，包括对自身的优势、兴趣、价值观、能力和特长的认知。个体应该通过自我评估和反思，深入了解自己的个性特点、职业兴趣和职业价值观，以便选择适合自己的职业和发展方向，明确个人目标和职业愿景，找到内在需求和外部环境相匹配的职业路径。

2.目标导向原则

个体应根据自己的职业兴趣、能力和价值观，设定具体、可行和具有挑战性的职业目标，同时充分考虑长期职业规划和短期目标的平衡，通过不断学习和实践来实现这些目标。

3.多元化原则

个体应该认识到职业生涯发展的多样性，包括不同职业领域、不同职业层次和不同职业形式等，从而积极探索各种可能的职业选择，并灵活调整自己的规划，以适应职业市场的变化和自我发展的需要。

4.持续学习原则

个体应认识到职业发展是一个不断学习和成长的过程，根据自身的职业目标和市场需求，积极主动地参与各种学习机会，参加培训、进修或持续教育项目，获取相关经验和证书，提高专业知识和技能，适应职业环境的变化和个人发展的需求。

5.职业适应原则

个体应了解不同职业环境的要求和挑战，积极发展职业技能和能力，提高适应力和竞争力。同时，个体应根据职业市场变化和个人需求灵活调整。职业生涯规划。

6. 职业发展原则

个体应认识到职业发展是一个渐进、连续和有序的过程，制订长远的职业目标并不断努力实现。个体应该保持积极的心态，灵活应对挑战和困难，参加实习、志愿者工作或社区活动，亲身体验不同职业，获得实际的经验，不断提升职业能力和职业素养。职业生涯规划还需要平衡工作与生活，以保持身心健康，并更好地发展自己的职业生涯。

7. 自我管理原则

职业生涯规划需要个体的主动管理和控制。个体应发挥自身的主动性和自律性，制订时间管理计划，合理安排工作和学习的优先级，避免浪费时间和精力。个体还应注重个人形象管理，包括外在形象的呈现和个人品德的塑造，建立并维护良好的社交和职业关系网，包括导师、同事、朋友和行业内的专业人士等，通过参加行业活动、社交媒体和专业组织等方式扩大人脉。

个体在进行职业生涯规划时应根据自身情况和实际需求，灵活运用这些原则，制定适合自己的职业生涯规划，实现个人职业目标。职业生涯规划的实施需要个体的坚持和努力，只有不断学习和改进，并适应不断变化的职业环境，才能实现个人职业目标和获得职业发展的成功。

五、职业生涯规划的实施过程

（一）自我评估与自我认知

自我评估和自我认知是职业生涯规划中的重要步骤，对于个体了解自己的能力、兴趣、价值观以及个性特点等方面都起着至关重要的作用。只有通过深入的自我评估和自我认知，个体才能更好地了解自己，并据此为职业生涯做出明智的决策。

1. 自我评估的概念

自我评估是指个体对自身进行全面而深入的分析和评估，包括对自己的能力、兴趣、价值观、人格特点以及职业目标等方面进行客观的认知和评价。从而更好地了解自己的优势和劣势，找到适合自己的职业发展方向。

自我评估的方法有问卷调查、个人访谈、自我观察等，同时，还有一些专业的自我评估工具，如职业性格测试、能力测评等，利用这些方法和工具可以帮助个体更客观地认识自己。

2. 自我认知的重要性

自我认知是指个体对自己内在特点和外部环境的了解和认识，包括对自己的价值观、兴趣爱好、能力水平、性格特点等方面的认知，并将其与职业目标进行匹配和衡量。自我认知的重要性在于帮助个人明确自己的发展方向，并制订相应的职业生涯规划。

通过自我认知，个体可以清楚地了解自己的优势和劣势，从而更好地选择适合自己的职业发展方向。此外，自我认知还可以帮助个人更好地应对职业发展中的挑战和困难，提高自身的职业竞争力。

3. 自我评估与自我认知的方法

自我评估和自我认知是一个渐进的过程，需要通过多种方法来获取准确的信息。常用的自我评估和自我认知的方法有：

（1）问卷调查：通过填写一些问题和选项的问卷了解个人的价值观、兴趣爱好、性格特点等，帮助个体更全面地认识自己，但要注意选择科学有效的问卷工具。

（2）个人访谈：与他人进行深入交流，了解他们对自己的评价和看法，从他人的角度来认识自己帮助自己发现某些方面的盲点。

（3）自我观察：通过仔细观察自己在各种情境下的行为和反应，了解自己的性格特点、兴趣爱好等，自我观察需要个体保持客观、冷静的态度，不断反思和总结自己的行为。

（4）专业评估工具：借助一些专业的工具，如职业性格测试、能力测评等获取更客观准确的自我评估结果，使用这些工具需要专业人士的指导和解读。

通过以上的自我评估和自我认知方法，个体可以更全面地了解自己，并由此制定适合自己的职业生涯规划。同时，个体还可以持续进行自我评估和自我认知，随着个人成长和职业发展的变化，不断调整和完善职业生涯规划。

（二）职业探索与信息获取

通过职业探索，个体可以了解自己的兴趣、能力和价值观，并对不同职业领域有更深入的了解。信息获取则是为了获取关于不同职业的相关信息，包括行业趋势、就业前景、薪资待遇等，以便做出更明智的职业选择。

职业探索的方法主要有以下几种：

1. 自我探索：自我探索是职业探索的第一步，个体需要对自己进行深入的思考和分析，包括了解自己的兴趣爱好、优势和弱点，以及价值观和目标，更好地了解自己的职业偏好和适应能力，从而有针对性地进行职业探索。

2. 资源利用：在职业探索过程中，个体可以充分利用各种资源来获取信息和经验，包括参加职业咨询活动、拜访职业导师、参加行业展览会和职业讲座等。通过与专业人士和行业从业者的交流，获得实际的职业经验和建议，帮助自己更好地了解不同的职业领域。

3. 实习和兼职：实习和兼职是非常有效的职业探索方法。通过实习和兼职，个体可以亲身体验不同职业的工作内容和环境，了解职业的具体要求和挑战。同时，实习和兼职也提供了与行业内人士的交流机会，为个体建立职业网络和积累职业经验奠定基础。

4. 职业咨询和测试：职业咨询和测试是帮助个人进行职业探索的重要工具。通过职业咨询和测试，个体可以系统地评估自己的兴趣、能力和价值观，并将这些信息与不同职业的要求进行比较。职业咨询师和测试结果可以为个人提供客观的职业建议和指导，帮助个人更好地进行职业探索和选择。

信息获取是职业探索的重要一环，个体需要广泛收集和整理与职业相关的信息。以下是一些常用的信息获取渠道和方法：

1. 职业网站和招聘平台：个体可以通过这些平台了解不同职业的薪资待遇、就业前景、工作内容等信息。同时，还可以查看招聘信息，了解目标职位要求和竞争情况。

2. 行业报告和研究：个人可以通过阅读行业报告和研究了解行业发展方向和前景、技术创新和市场需求等信息，从而做出更明智的职业选择。

3. 职业导师和行业从业者：职业导师和行业从业者是获取实际职业经验和建

议的重要来源。个体可以通过与职业导师和行业从业者交流，了解不同职业的工作内容、挑战和发展机会等信息。

4. 社交媒体和职业论坛：个体可以通过关注行业专家和从业者的社交媒体账号，获取他们的职业观点和经验分享。还可以参与职业论坛讨论，与其他职业人士交流和分享职业心得。

综上所述，职业探索和信息获取是职业生涯规划中不可或缺的一环。通过深入的自我探索和充分利用各种资源和渠道，个体可以更好地了解不同职业的要求和挑战，做出更明智的职业选择并依据广泛收集和整理与职业相关的信息，为自己的职业发展做出有效的规划和决策。

（三）设定职业目标

职业目标是指个体对于未来职业发展的明确而具体的期望和目标。设定职业目标有助于个体人更好地规划职业生涯，并为此制订相应的计划和行动。设定职业目标时，需要考虑以下几个方面：

1. 职业兴趣和价值观：个体的职业目标应与自身的兴趣和价值观相匹配。只有自己感兴趣的职业才能持久地激发工作动力和热情。同时，职业目标也应符合个体的价值观，使个体在追求职业目标的过程中能够保持自我认同和道德底线。

2. 职业发展路径：个体应根据自身的特长和优势，选择适合的职业发展路径。通过设定适当的职业发展路径，可以在职业发展中逐步取得进展，实现最终的职业目标。

3. 可行性和可达性：设定职业目标时，需要考虑目标的可行性和可达性。职业目标应基于个体的实际情况和能力水平，并结合外部环境变化和发展趋势进行综合考量。只有设定合理的职业目标，才能增加目标实现的可能性。

4. 智能目标设置：设定职业目标时可采用智能目标设置原则，即目标应该具备以下几个特点：具体，明确而具体；可衡量，可以通过一定的指标或标准进行评估和衡量；可达成，具备一定的可行性和可达性；相关，与个人职业发展和整体规划相一致；有时限，设定明确的截止日期。

5. 适应性和灵活性：随着个人的成长和发展，职业目标可能会发生变化。在设定职业目标时应考虑到变化和发展需求，并及时进行调整和修正，以适应不同阶段的职业发展需求。

通过设定职业目标，个体可以更好地明确职业方向和发展目标，有针对性地制订职业发展计划，并为实现这些目标而努力。需要注意的是，设定职业目标只是职业生涯规划的一个环节，实现职业目标需要个体付出努力和不断学习成长。

（四）制订职业发展计划

制订职业发展计划是职业生涯规划的重要一步，能够帮助个体更好地了解自己的职业目标，并为实现这些目标制订明确的行动计划。下面是制订职业发展计划的具体步骤和注意事项。

1. 确定职业目标

在制订职业发展计划之前，个体首先需要明确自己的职业目标。职业目标应具体、可行和有挑战性，同时与个人的兴趣、能力和价值观相匹配。通过设定明确的职业目标，个人可以更加明确自己的方向，从而更有针对性地制订职业发展计划。

2. 分析现状和资源

在制订职业发展计划之前，个体还需要对自己的现状和资源进行全面分析。包括个人的能力、经验、教育背景、人际关系等方面的资源，以及当前所处的行业、组织和市场环境等外部因素。通过分析现状和资源，个体可以更好地了解自己的优势和劣势，从而更有针对性地制订职业发展计划。

3. 设定目标和时间表

个体需要设定合理的时间表，将目标划分为短期、中期和长期目标，并设定相应的时间节点和里程碑，从而更好地管理自己的职业发展进程，并保持动力和努力。

4. 制订具体的行动计划

在设定目标和时间表之后，个体需要制订具体的行动计划，以实现目标。行动计划应具体、可行、可衡量，并包括具体的任务、资源和时间安排，以及所需的行动步骤和关键任务，并逐步实施和完成。通过制订具体的行动计划，个体可以更好地规划和管理自己的职业发展。

5. 考虑风险和应对策略

在制订职业发展计划的过程中，个人还需要考虑可能遇到的风险和挑战，并制定相应的应对策略。这些风险和挑战包括经济形势的变化、行业的竞争压力、个人能力的不足等。

6. 定期评估和优化

制订职业发展计划并不是一次性的，个体需要定期进行评估和调整，检查是否达到了预期的目标，并分析原因和效果，从而进行相应的调整和优化，以适应变化的环境和需求。通过定期评估和调整，个体可以更好地管理自己的职业发展，并实现自己的目标。

以上是制订职业发展计划的具体步骤和注意事项。通过合理地制订职业发展计划，个体可以更好地规划和管理自己的职业生涯，实现职业目标和发展。同时，制订职业发展计划需要个体的不断努力和持续学习，以适应变化的环境和需求，并不断提升能力和竞争力。

（五）实施职业发展计划

在职业生涯规划的过程中，实施职业发展计划是关键的一步。通过制定和执行职业发展计划，个体能够明确自己的职业目标，并采取相应的行动来实现这些目标。

1. 职业发展计划的内容

实施职业发展计划需要考虑以下几个关键方面：

（1）职业路径选择：根据个体兴趣、能力和价值观，选择适合的职业路径，包括希望从事的行业、职位以及所需的技能和知识。

（2）学习和发展：为了实现职业目标，个体需要不断学习和发展自己的能力，可以通过参加培训课程、进修学习、参与项目等途径来实现。

（3）职业经验积累：积累丰富的职业经验对于职业发展至关重要。个体可以通过实习、兼职、志愿者工作等方式来获取更多的职业经验。

（4）职业网络建立：建立广泛的职业网络可以提供更多的机会和资源。个人可以通过参加行业活动、加入专业组织、参与社交媒体等方式来扩展自己的职业网络。

（5）职业品牌塑造：个人的职业形象和品牌对于职业发展也非常重要，包括外表形象、沟通能力以及个人修养等方面。

2. 实施职业发展计划的方法

实施职业发展计划需要遵循以下几个方法：

（1）设定具体目标：明确自己的职业目标，并将其分解成具体的短期和长期目标。

（2）制订行动计划：根据职业目标，制订详细的行动计划。行动计划应包括具体的任务、时间安排、资源需求等信息。

（3）执行行动计划：在执行过程中，个体需要保持积极的态度和高效的工作方式。

（4）监控和评估：定期监控和评估自己的职业发展进展，可以通过反思和记录工作经验、成就和困难来实现。

（5）调整和更新：根据评估结果，及时调整和更新职业发展计划从而灵活地应对变化，不断适应新的环境和需求。

3. 实施职业发展计划的挑战与应对

在实施职业发展计划的过程中，个体可能会面临一些挑战。以下是一些常见的挑战以及应对方法：

（1）时间管理：实施职业发展计划需要投入大量的时间和精力，个体要学会合理安排时间，平衡职业发展和其他生活方面的需求。

（2）自我动力：坚持执行职业发展计划需要一定的自我动力和毅力。个体可以通过设定小目标、寻求他人的支持和鼓励来增强动力。

（3）面对挫折：在职业发展过程中，个体可能会遇到挫折和困难要保持积极的心态，寻找解决问题的方法，并从中吸取经验教训。

（4）持续学习：职业发展是一个不断学习和成长的过程。个体要保持学习的习惯，不断更新知识和技能。

（5）适应变化：职业环境和需求可能会发生变化，个体要及时调整和适应新的情况。

通过实施职业发展计划，个体可以更好地规划和管理自己的职业生涯，这不仅有助于实现职业目标，还能提高职业竞争力和满足职业发展需求。因此，实施职业发展计划是职业生涯规划过程中不可或缺的一部分。

（六）评估与调整

职业生涯规划是一个持续的过程，需要不断评估和调整，以确保其有效性和适应性。评估与调整可以帮助个体及时发现问题、调整方向，并做出相应的改变。

1. 职业生涯规划的定期评估

定期评估与调整对于职业生涯规划的有效性至关重要。人们的兴趣、能力和价值观会随着时间推移而发生变化，外部环境和行业趋势也在不断变化。因此，定期评估职业生涯规划的目标和计划，以及个人的发展情况，是确保规划的有效性和适应性的必要步骤。在进行定期评估时，个人应该关注自身成长和发展、职业目标的实现程度、职业发展计划的执行情况以及当前的工作满意度。通过对这些方面的评估，个体可以清楚地了解自己的职业发展现状，并对未来的职业规划做出相应调整。

定期评估的具体方法包括以下几个步骤：

（1）自我反思和自我评估：个体可以回顾过去一段时间的职业发展情况，思考自己取得的成就以及遇到的困难。同时，也可以通过自我评估工具来了解自己的能力、兴趣和价值观是否与原来的规划一致。

（2）职业发展目标的重新设定：根据自我评估的结果，个体可以重新审视和调整职业发展目标。如果原来的目标和计划不再符合自己的需求和期望，可以适时修正。

（3）职业发展计划的调整：在设定新的职业发展目标后，个体需要对原来的职业发展计划进行调整，包括重新制订行动计划、修订时间表和资源分配等。

（4）学习与发展机会的寻找：定期评估的过程中，个体还可以主动寻找学习与发展机会，以提升自身能力和竞争力，包括参加培训课程、参与专业组织和社交活动，以及阅读相关的书籍和研究报告等。

除了以上的具体方法，个体在进行定期评估时还需要注意以下几个问题：

（1）客观与主观评估的平衡：评估过程中，个体应该尽量客观地分析自己的职业发展情况，避免过度自我批评或自我夸大。

（2）多角度的评估视角：个体可以寻求他人的意见和建议，如家人、朋友、同事或上级。他们可以提供不同的观点和反馈，有助于个体更全面地了解自己的职业发展情况。

（3）调整的灵活性：在进行调整时，个体需要保持灵活性和开放性。职业生涯规划是一个动态的过程，随着时间的推移和个人成长的变化，需要多次调整和修正。

2.职业生涯规划的调整方法

职业生涯规划的调整是指在评估的基础上对已制定的规划进行必要的调整和改进，以提高规划的有效性和可行性。常用的调整方法有：

（1）目标调整：根据评估结果，如果发现职业目标不符合个人能力和兴趣，或者与外部环境不匹配，可以考虑对目标进行调整。调整目标时需要考虑自己的优劣势，以及行业的发展趋势和就业市场的需求，确保目标的可实现性和适应性。

（2）策略调整：职业生涯规划的策略包括教育培训、工作经验积累、人际关系建立等。根据评估结果，可以对策略进行调整，如增加学习和培训的内容和时间，寻找更适合的工作机会，加强与行业专家和成功人士的交流和合作等。

（3）资源调整：资源调整是指对职业生涯规划所需资源的调整，包括财务资金、人力资源、信息资源等。根据评估结果，可以调整资源的使用方式和分配比例，以提高规划的实施效果和可行性。

3.职业生涯规划的持续评估与调整

职业生涯规划的评估与调整是一个持续的过程，需要不断地对规划进行反思和改进。以下是一些持续评估与调整的方法：

（1）定期评估：定期评估是指按照一定的时间间隔对职业生涯规划进行评估，如每年、每半年或每季度进行一次评估。通过定期评估，可以及时发现问题和不足，并进行必要的调整和改进。

（2）事件触发评估：事件触发评估是指在关键事件发生后对职业生涯规划进

行评估，如工作变动、职业发展机会、个人发展需求等。通过事件触发评估，可以及时对规划进行调整和改进，以适应新的情况和需求。

（3）反馈评估：反馈评估是指通过与他人的交流和反馈来评估职业生涯规划的有效性和可行性。可以向导师、同事、朋友等寻求反馈和建议，了解自己的优势和不足，并根据反馈结果进行调整和改进。

综上所述，职业生涯规划的评估与调整是一个持续的过程，通过科学有效的评估与调整，个体可以更好地规划和发展自己的职业生涯。个体在进行定期评估时，需要注重自我反思和自我评估，重新设定职业发展目标，调整职业发展计划，并主动寻找学习与发展机会。同时，个体还需要注意评估过程中的客观与主观平衡、多角度的评估视角以及调整的灵活性。通过定期评估，个体可以及时发现问题、调整方向，并做出相应的改变，然后根据评估结果进行目标调整、策略调整和资源调整等。在规划的实施过程中，可以通过定期评估、事件触发评估和反馈评估等方式持续评估和调整规划，以确保规划的有效性和可行性。

六、职业生涯发展的影响因素

（一）个人因素：能力、兴趣、价值观等

个人因素在职业生涯规划和发展中起着至关重要的作用。个人的能力、兴趣和价值观等会直接影响一个人选择职业的倾向、职业发展的方向以及职业生涯的成功与否。本章将对个人因素在职业生涯规划和发展中的作用进行深入探讨。

首先，个人的能力是影响职业选择和发展的重要因素之一。能力包括知识、技能和经验等方面。一个人在选择职业时应考虑自己的专业背景、技能水平以及所具备的工作经验。例如，一个具备良好的数学能力和逻辑思维能力的人可能更适合从事与数学相关的职业，如工程师或金融分析师。因此，在职业生涯规划的过程中，个人应充分评估自己的能力，并选择与自身能力相匹配的职业。

其次，个人的兴趣也是影响职业选择和发展的重要因素之一。兴趣可以激发个人的动力和热情，使其在工作中表现出更高的积极性和投入度。一个人对于某个领域或行业的兴趣程度，会直接影响他选择从事相关职业的意愿和能力。例如，一个对艺术和设计充满热情的人可能更适合从事与创意设计相关的职业，如平面设计师或室内设计师。因此，在职业生涯规划的过程中，个人应充分了解自己的兴趣，并将其纳入考虑范围。

再次，个人的价值观也是影响职业选择和发展的重要因素之一。价值观反映了一个人对于工作和生活的态度、信念和目标。一个人的价值观会影响他对于不同职业的偏好和追求。例如，一个对社会公益和环境保护非常关注的人可能更倾向于从事与环保相关的职业，如环保志愿者或环境保护专家。因此，在职业生涯规划的过程中，个人应认真思考自己的价值观，并选择与之相符的职业。

最后，个人的性格特征、人际交往能力和情商等也会对职业选择和发展产生影响。不同的职业对于个人的性格特征和人际交往能力有不同的要求。例如，一个外向、善于沟通的人可能更适合从事与销售和市场营销相关的职业，而一个内向、细心的人可能更适合从事与研究和分析相关的职业。因此，在职业生涯规划的过程中，个人应充分了解自己的性格特征和人际交往能力，并选择与之相符的职业。

总之，个人因素在职业生涯规划和发展中起着重要的作用。在职业生涯规划的过程中，个人应充分了解自己的个人因素，并将其纳入考虑范围，以确保职业选择与发展与个人的能力、兴趣和价值观相匹配，从而实现职业生涯的成功和满意度。

（二）外部环境：经济形势、行业趋势等

外部环境是指影响个体职业生涯发展的外部因素，包括经济形势和行业趋势。经济形势指的是国家或地区的经济状况和发展态势，而行业趋势则是指各个行业所面临的发展方向和变化趋势。

首先，经济形势对职业生涯规划和发展具有重要影响。一个国家或地区的经济状况决定了就业机会的数量和质量。在经济繁荣时期，就业机会相对较多，个体职业发展的机会也更多。而在经济衰退时期，就业市场竞争激烈，个体的职业发展可能受到限制。

其次，行业趋势对职业生涯规划和发展同样具有重要影响。不同行业在不同

时期都会经历变革和发展，了解行业趋势有助于个体把握就业机会和职业发展方向。在某个行业发展迅速的时期，个体可以选择进入该行业，从而获得更多的职业发展机会。而在某个行业前景不明朗或发展较为缓慢的时期，个体可以考虑转行或寻找其他行业的发展机会。

除了经济形势和行业趋势，还有其他一些外部环境因素也会对职业生涯规划和发展产生影响。例如，政府政策、社会文化环境、科技进步等。个人需要关注这些因素的变化，并根据实际情况进行相应的调整和应对。

总之，个体应该时刻关注经济形势和行业趋势的变化，并做出相应调整和决策，以实现自身职业生涯的成功发展。

(三) 教育与培训机会对职业生涯发展的影响

教育与培训机会在职业生涯发展中起着至关重要的作用。通过接受教育和培训，个体可以获得必要的知识、技能和能力，为职业生涯规划发展打下坚实的基础，有助于实现职业目标。

1. 教育对职业生涯发展的影响

首先，教育提供了广泛的学习机会，帮助个体获取专业知识和技能。通过接受高等教育，个体可以深入学习感兴趣的领域，并获得相关专业的学位或证书。这些学术背景和专业知识将有助于个体在职场上展现竞争力。其次，教育培养了个体的思维能力和解决问题的能力。在学习过程中，个体需要进行独立思考、分析和判断，提高了逻辑思维和批判性思维能力。这些能力对于职业生涯的发展至关重要，帮助个体在工作中迅速解决问题，并提供创新的解决方案。最后，教育还培养了个体的人际交往能力和团队合作精神。在学校里，个体需要与同学和老师进行合作，完成各种项目和任务。通过这些经历，个体学会了倾听他人意见、与他人合作以及有效沟通的技巧，有助于在职场上与同事合作、与领导沟通以及与客户建立良好关系。

2. 培训对职业生涯发展的影响

通过培训个体可以获取特定领域的实际操作经验和技能。培训可以是由公司内部提供，也可以通过外部机构或专业培训机构进行。培训内容可以包括技术培训、管理培训、沟通技巧培训等。首先，培训有助于提升专业能力。随着科技和知识的不断进步，许多行业都在不断发展和变化。通过参加相关培训，个体可以了解最新的技术和趋势，并学习如何应用到工作中，从而适应行业的变化，保持竞争力。其次，培训有助于发展领导能力和管理技能。通过相关培训，个体可以学习如何有效地领导团队、管理资源和解决问题，从而实现职场晋升和发展。最后，培训还可以提供个体发展所需的网络和资源。在培训中，个体有机会结识来自不同公司和行业的人士，建立专业的人际关系网络，从而儿得工作机会、合作伙伴以及职业发展的支持和指导。

3. 教育与培训机会对职业生涯发展的案例分析

以下是几个教育与培训机会对职业生涯发展的案例分析：

【案例一】小明是一名大学毕业生，他选择继续攻读硕士学位，并在学校期间参加了许多与所学专业相关的培训课程，获得了坚实的学术基础和专业知识，同时也培养了研究能力和团队合作精神。毕业后，小明成功找到了一份与专业相关的工作，并在职场上取得了不错的发展。

【案例二】小红是一名销售人员，她意识到自己需要提升沟通技巧和销售技巧以获得更好的业绩，于是主动参加了公司组织的销售培训课程，学到了有效的销售技巧和客户管理方法，并在工作中取得了卓越的销售成绩。

【案例三】小刚是一名 IT 工程师，他意识到自己需要不断学习和提升技术能力以适应行业的变化，因此经常参加各种技术培训课程，努力保持技术竞争力，由此得到了同事和领导的认可，并有机会参与更多创新项目和高级职位晋升。

教育和培训不仅为个体提供了学习机会，还培养了思维能力、人际交往能力和团队合作精神。因此，个体应积极利用各种教育与培训机会，不断提升职业素养和专业能力，以实现职业发展目标。

第二节　职业生涯规划策略

一、职业生涯规划的策略与技巧

（一）拓宽职业发展路径

在职业生涯规划中，通过寻找和利用不同的机会，个体可以拓宽职业选择范围，提高职业竞争力，实现更多的职业目标。本节将探讨如何拓宽职业发展路径以及相关的策略和技巧。

1. 多元化技能与知识

是学习和培养多元化的技能与知识是拓宽职业发展路径的重要方式。在现今竞争激烈的职场环境中，仅凭一种专业技能不足以应对各种挑战和机遇，积极主动地学习和发展新的技能，包括新的语言、技术、管理知识等，有助于增加职业选择机会。

2. 跨行业经验

拓宽职业发展路径还可以通过跨行业经验来实现。面临行业发展不景气或者职位晋升受限时，考虑转行到其他行业是一个不错的选择。通过跨行业经验，个体可以获得新的工作机会，开拓新的职业发展方向，并将之前行业所积累的经验和技能应用到新领域中。

3. 职业发展计划

制定明确的职业发展计划也是拓宽职业发展路径的重要策略之一。职业发展计划可以帮助个体规划职业目标，制定相应的行动步骤。在制订计划时，个体要考虑兴趣、能力、价值观以及市场需求等因素。同时，个体还可以通过参加培训、进修课程、研讨会等方式提升专业知识和技能，从而实现职业发展目标。

4. 寻找导师和建立职业网络

寻找导师和建立职业网络是拓宽职业发展路径的另一个重要策略。导师可以提供宝贵的职业指导和建议，帮助个体更好地了解行业动态和发展趋势。建立职业网络可以增加个体与其他行业专业人士的联系和合作机会，扩大职业发展的可能，从而获得更多的职业机会和资源。

5. 创业和自主就业

除了在传统企业中寻找职业发展机会外，创业和自主就业也是拓宽职业发展路径的一种方式。创业可以提供更多的自主权和创造空间，使个体能够充分发挥自己的才能和想法。同时，创业也意味着更大的风险和挑战，因此需要充分准备和考虑各种因素。自主就业则可以通过自由职业、咨询、培训等方式来实现，为个体提供更加灵活和多样化的职业选择。

6. 持续学习和适应变化

拓宽职业发展路径还需要个体具备持续学习和适应变化的能力。职业生涯中，行业和市场环境会不断发生变化，个体需要持续学习和关注行业动态，及时调整职业策略和目标，从而更好地把握机遇，应对挑战，保持竞争力。

通过多元化技能与知识、跨行业经验、职业发展计划、寻找导师和建立职业网络、创业和自主就业以及持续学习和适应变化等策略和技巧，个体可以更好地实现职业目标，开拓更多职业发展的可能性。

（二）提升职业竞争力

在现代社会，人才竞争激烈，个体想要在职场中取得成功，必须具备一定的竞争力。

首先，提升职业竞争力需要不断学习和提高专业知识和技能。随着科技的不断发展和行业的变化，职业领域的知识也在不断更新，只有不断学习才能跟上时代的步伐并适应职场的需求。个体可以通过参加培训课程、职业进修或者自主学习等方式都可以增加自己的知识储备。此外，还可以寻找导师或者行业专家进行指导，获取更多的实践经验和行业内部信息。

其次，积极参与工作中的项目和团队合作，提升沟通和协作能力。在职场中，团队合作非常重要，与他人良好地合作和沟通能够更好地完成工作任务并解决问题。个体可以通过主动参与项目和团队合作来提升自己的沟通协调能力，或主动担任负责人或者领导角色，锻炼领导能力和团队管理能力。

再次，积极培养和提升创新思维和问题解决能力。职场中经常会遇到各种各样的问题和挑战，需要有解决问题的能力和创新思维。因此，个体要注重培养解决问题的能力，并不断尝试新的想法和方法。参加创新项目、阅读相关的书籍和文章、参加创新讲座等方式均有助于提高创新能力。

此外，要注重个人品牌的建立和维护。个人品牌对于职业发展非常重要，要建立良好的个人形象，并通过自己的行为和表现来展示自己的价值和能力通过写博客、参与社交媒体、发表专业文章等方式来扩大影响力，提升个人知名度和认可度。

最后，要保持积极的心态和良好的工作态度。面对各种挑战和困难保持乐观的心态，积极应对，不断寻找解决问题的方法和途径。同时，保持良好的工作态度，对待工作认真负责，并且要有高度的自我要求和追求卓越的精神。

总之，提升职业竞争力需要全方位的努力和不断地学习。通过提升专业知识和技能、加强沟通和协作能力、培养创新思维和问题解决能力、建立个人品牌和保持积极的心态，可以不断提升职业竞争力，从而在职场中取得更好的发展和成功。

（三）建立职业网络

职业网络是指个体与他人建立联系和关系的方式，通过这些联系和关系，个体可以获取信息、资源和机会，进而提升自己的职业发展。

1.建立职业网络的重要性

（1）获取信息和资源：通过与不同领域的人建立联系，个体可以获取来自不同行业、公司和组织的信息和资源，从而了解行业动态、市场需求、拓宽职业发展渠道，更好地规划职业生涯。

（2）开拓职业机会：建立职业网络可以增加个体的曝光度，让更多的人了解其能力和才华，获得更多的工作机会、项目合作机会、职业推荐等。

（3）获得支持和指导：职业网络中的人们往往具有丰富的经验和知识，可以给予个体宝贵的支持和指导。更好地应对各种挑战和困惑。

（4）提升职业声誉和影响力：通过建立职业网络，个体可以扩大影响力，提升职业声誉，展示专业知识、技能和成就获得他人的推荐和认可。

2.建立职业网络的途径

（1）积极参加社交活动：通过参加研讨会、行业论坛、职业协会活动等，与业内的专业人士建立联系，拓宽职业圈子。

（2）利用社交媒体平台：在社交媒体平台上建立个人职业形象，与同行、业内专家和雇主进行交流，分享自己的观点和经验，获取他人的关注和认可。

（3）主动寻找导师：寻找在自己职业领域有经验和成就的人作为导师，向他们请教、学习，建立良好的师徒关系。

（4）参与志愿者活动：参与志愿者活动结识更多有共同兴趣和目标的人，建立互助和合作的关系。

（5）保持联系和交流：与职业网络中的人保持定期联系和交流，分享自己的进展和成就，了解他们的动态和需求，建立长期稳定的人际关系。

3.建立职业网络的注意事项

（1）真诚对待他人：尊重他人的意见和价值观，与他人建立良好的互信关系。

（2）持续学习和提升自己：建立职业网络的同时，不断学习和提升专业知识和技能，从而提高自己的竞争力。

（3）回馈他人：为他人提供帮助和支持，建立互利共赢的合作关系。

（4）注意保护个人信息：注意保护个人信息和隐私，避免信息泄露和不必要的麻烦。

总之，建立职业网络对于个体的职业生涯发展至关重要。通过积极参与社交活动、利用社交媒体平台、寻找导师、参与志愿者活动等方式，个体可以建立广泛而有价值的职业网络，为自己的职业发展打下坚实的基础。同时，个体也应注重维护和发展职业网络中的关系，保持联系和交流，实现互利共赢的合作关系。建立职业网络是一个长期而持续的过程，需要个体不断学习和提升自己，与他人真诚交流，共同成长和进步。

（四）培养职业形象与个人品牌

成功的职业形象和个人品牌可以帮助个体更好地推动职业发展，增加职业竞争力，获得更多的机会和认可。

1.职业形象的重要性

职业形象是指在职场中个体外在形象和内在特质的综合体现。良好的职业形象可以产生积极的影响，使他人对个体有良好的印象，并提高他们的信任和支持。同时，职业形象还可以传递的专业能力、价值观和职业目标，从而吸引更多的机会和资源。

2.培养职业形象的步骤

（1）明确个人定位：明确自己的职业目标和发展方向，只有清楚了解自己想要成为什么样的专业人士，才能有针对性地培养自己的职业形象。

（2）提升专业能力：良好的职业形象建立在扎实的专业能力基础上，个体要不断提升专业知识和技能，保持与行业发展同步，多参加培训课程、读书学习、参与行业交流等。

（3）塑造外在形象：注意穿着得体、整洁大方，注重言谈举止，以及与他人的沟通和合作方式。

（4）建立个人品牌：个人品牌是指个体在职场中的独特价值和声誉。要明确自己的核心竞争力和特长，并通过积极的工作表现和专业成果来证明自己的价值。此外，还可以利用社交媒体和专业平台宣传个人品牌，展示个人的专业能力和成就。

3.培养职业形象的技巧

（1）建立专业形象：在工作中展现出专业的态度和能力，保持良好的职业操守和道德品质，同时与同事和上级建立良好的工作关系，展示团队合作能力和沟通技巧。

（2）塑造个人风格：在职场中展现出独特的风格和个性特点，可以通过个人着装、办公环境布置等来展示，但要注意与职业要求保持一致。

（3）积极参与社交活动：利用社交活动扩展人脉资源，增加个体在行业内的知名度和声誉，具体方式有参加行业会议、加入专业组织、参与志愿者活动等。

（4）持续学习和成长：职业形象的培养是一个持续的过程，个体需要不断学习和成长，与时俱进，参加培训课程、读书学习、参与项目等方式均有助于提升个体的能力和知识水平。

成功的职业形象和个人品牌可以帮助个体更好地推动职业发展，增加职业竞争力，获得更多的机会和认可。通过明确个人定位、提升专业能力、塑造外在形象和建立个人品牌等步骤，个体可以逐步培养出独特的职业形象和个人品牌，从而实现职业目标和发展。培养职业形象和个人品牌是一个持续不断的过程，需要不断学习和成长，与时俱进。个体应保持积极的态度，不断完善自己的职业形象和个人品牌，为职业发展创造更多的机会和可能性。

二、职业生涯规划的案例分析

在职业生涯规划中，案例研究是一种非常有价值的方法，可以通过分析总结出一些启示和教训，帮助个体更好地规划和发展自己的职业生涯。

（一）成功的职业生涯规划案例分析

成功的案例可以提供宝贵的经验和启示，帮助个体更好地规划和发展自己的职业生涯。

【案例一】小明的职业生涯规划

小明是一名大学生，在大学期间对计算机科学产生了浓厚的兴趣，参加了许多与计算机相关的社团活动，并积极参与编程竞赛。通过这些经历，他逐渐发现自己对软件开发有着特别的天赋和热情。大三暑假期间，他决定通过实习来进一步了解软件开发行业。

小明在一家知名的软件公司找到了一份实习工作，并在实习期间表现出色。得到了公司的高度认可，获得了全职工作的 offer。在面临选择时，小明认真考虑了自己的职业发展目标和个人兴趣后意识到，尽管这份工作提供了很好的薪酬和发展机会，但他想在更加创新和具有挑战性的环境中工作。最终，小明决定放弃 offer，选择继续深造攻读硕士学位。

通过进一步学习和研究，小明逐渐明确了自己想要从事的领域，并制定了更加明确的职业生涯规划。他意识到，要实现职业目标，必须不断提升自己的技能和知识，因此决定申请一家国外顶级大学攻读博士学位，并获得了全额奖学金。

这个案例告诉我们，成功的职业生涯规划需要有明确的目标和计划。小明的职业生涯规划案例展示了如何通过实习和进一步学习来确定自己的职业发展方向，并做出明智的决策。他的案例也强调了个人兴趣和价值观在职业生涯规划中的重要性。

【案例二】章女士的职业转型规划

章女士是一名中级市场营销经理，在一个大型公司工作了五年。然而，在过去的几年里，她逐渐感到自己对市场营销行业失去了兴趣，并且对自己的职业发展感到迷茫。

为了重新找回职业的激情，章女士决定进行职业转型。她首先进行了自我评估，梳理了自己的技能、兴趣和价值观。通过这个过程，她发现自己对于人力资源管理有着浓厚的兴趣，并且在过去的工作中也积累了一些相关经验。

为了进一步提升自己在人力资源领域的知识和技能，章女士报名参加了一家知名大学的人力资源管理专业的培训课程。在课程的学习和实践中，她积极参与讨论和实践活动，与同行们交流经验和想法，并逐渐建立了自己在人力资源领域的专业知识和技能，成功转型为一名人力资源经理。她在新职位上表现出色，得到了公司的认可和赏识。

这个案例告诉我们，职业生涯规划对于个人的职业发展至关重要。章女士的职业转型案例展示了如何通过自我评估和学习来实现职业发展的转型。在职业发展过程中，我们难免会遇到各种挫折和困难，但只要保持积极的态度，不断学习和适应变化，就能够克服困难，取得更大的成功。

【案例三】王芳的职业生涯规划之路

王芳是一名年轻的市场营销专员，在职场上取得了显著的成绩。她在大学期间选择了市场营销专业，并在实习期间表现出色，获得了公司的认可和录用。工作后，她积极主动地参加各种培训和学习机会，努力提升专业知识和技能，在工作中表现出色，赢得了同事和上司的认可和赞赏。她还加入了行业协会，参与组织各种活动，通过与同行和业界专家的交流，不断提升自己的职业竞争力。几年后她被提拔为市场部经理，并成功带领团队实现了销售目标。

这个案例的成功之处在于王芳注重个人发展和学习，不断提升自己的专业知识和技能，保持对行业趋势和市场动向的敏感。她善于利用外部资源，通过参加培训和加入协会来扩展自己的人脉关系和知识储备。此外，她还具备领导能力，能够有效地管理团队并实现目标。

【**案例四**】张伟的职业生涯规划之路

张伟是一名年轻的创业者，在职业生涯规划中取得了较大的成功。他在大学期间参加各种实习和项目，积累了丰富的工作经验。毕业后就开始筹备自己的创业计划，并成功申请到了创业基金。他选择了互联网行业，虽然遇到了很多挑战和困难，但他始终保持积极的态度和坚定的信念，并在几年内打造出了一家成功的初创公司。他注重团队建设和人才培养，吸引了一批优秀的员工加入他的公司。他还与投资人建立了良好的合作关系，并成功获得了多轮融资。如今，他的公司已经成长为行业的领军企业，并在国际市场上取得了巨大的成功。

这个案例的成功之处在于张伟具备创新和冒险的精神。他敢于追求自己的梦想，并主动寻找创业机会。他还能够有效地管理资源和风险，与合作伙伴建立良好的关系。此外，他还注重团队建设和人才培养，为公司的长期发展打下了坚实的基础。

【**案例五**】某人力资源咨询公司的职业生涯规划项目

（1）背景描述

某人力资源咨询公司专注于为个人和组织提供职业发展和人才管理服务。公司决定推出一项全面的职业生涯规划项目，旨在帮助个人实现职业发展目标，同时满足企业对人才的需求。

（2）策略和措施

个人评估：该公司使用各种评估工具和测试，如兴趣测验、能力评估和人格测试，帮助个体了解自己的兴趣、技能和价值观，更清楚地认识自己，并确定适合自己的职业方向。

职业咨询：公司配备了专业的职业顾问团队与个体进行一对一咨询和指导。顾问根据评估结果与个体共同探讨职业选择、职业发展路径和能力提升计划，并提供简历撰写、面试技巧和职业品牌建设等方面的支持。

职业培训和发展：公司提供各种职业培训和发展计划帮助个体提升职业能力和技能。包括领导力发展、沟通技巧、项目管理等课程。

职业网络和导师支持：公司为个体提供职业网络和导师支持，帮助他们建立有价值的人际关系和专业联系。个体可以参加公司组织的职业活动和行业研讨会，与行业专家和同行进行交流和互动。导师支持方面，公司匹配导师和学员，导师提供职业指导和经验分享。

就业支持：公司为个体提供就业支持，包括招聘信息提供、就业市场分析和职业咨询。公司与企业建立合作关系，为个体提供就业机会和实习机会。此外，公司还提供模拟面试、个人品牌建设和职业咨询等服务，帮助个人成功就业。

（3）效果评估和成果

个人职业发展：通过该项目个体能够更清楚地了解自己的兴趣和价值观，并制定适合自己的职业目标和发展计划，从而在职业生涯中取得积极的成果，实现自身的职业愿景。

企业人才培养：公司的客户获得了优质的人才，并受益于员工的职业发展。由于员工更加了解自己的职业目标和发展需求，因此更有动力和责任感，为企业做出了更大的贡献。

合作关系建立：公司与企业和行业组织建立了良好的合作关系。这些合作伙伴提供了就业机会和实践机会，同时也为公司提供了更多的资源和支持。

该人力资源咨询公司通过个人评估、职业咨询、职业培训和发展、职业网络和导师支持以及就业支持等措施，成功推出了职业生涯规划项目。个体通过该项目得到专业的支持和指导，实现了自身的职业目标和发展。同时，企业也受益于该项目，获得了优质的人才和员工的职业发展。

（二）失败的职业生涯规划案例分析

职业生涯规划是一个复杂而又关键的过程，如果规划不当或者没有明确的目标，很容易导致职业生涯的失败。除了成功的案例，我们还需要关注和分析一些失败的职业生涯规划案例，从中看到一些常见的错误，获取教训。

【案例一】王志是一位年轻的职场新人，大学毕业后他没有进行系统的职业生涯规划，也没有设定明确的职业目标，只是随意地找了一份工作，没有考虑自己的兴趣和潜力。结果，他很快就感到了工作的枯燥和无聊，并且在公司中没有得到任何发展机会。最终他决定辞去工作，重新开始职业生涯规划。

这个案例告诉我们，职业生涯规划不能草率行事，需要认真思考和计划。只有部分了解自己的兴趣、能力和价值观，设定合适的职业目标，并制定详细的发展计划，才能找到真正适合自己的工作，实现职业发展的目标。

【案例二】李华是一家知名公司的高管，在公司过于依赖一个项目，忽视了其他的发展机会。当项目失败时她也失去了工作，并且很难再找到合适的职位。

这个案例告诉我们，职业生涯规划需要有长远的眼光和全局的思考，不能过于依赖某个项目或者机会，要保持开放的心态，积极寻找各种发展机会。

（三）案例启示与教训

通过以上的案例分析，我们可以得出下列启示和教训：

首先，职业生涯规划需要有明确的目标和计划。个体应充分了解自己的兴趣、能力和价值观，设定合适的职业目标，并制定详细的发展计划，才能找到真正适合自己的工作，并实现职业发展的目标。

其次，个体要保持积极的心态和坚持不懈的努力。对待职业发展过程中的挫折和困难始终保持积极乐观的态度，并不断学习和成长，从而克服困难，取得更大的成功。

再次，职业生涯规划中的失败往往源于缺乏科学的步骤，包括自我评估与认知、职业探索与信息获取、明确的职业目标、制定职业发展计划以及定期评估和调整。因此个体应重视职业生涯规划的各个环节，并充分利用各种资源和工具做出明智的决策，从而实现职业生涯的成功和发展。

最后，要有长远的眼光和全局的思考。这是一个瞬息万变的时代，每一天都有数不清的机会与挑战。过于关注眼前的事情，可能会让个体陷入短视的困境，从而错过更多的机会。

总之，通过案例研究，我们可以从成功和失败中吸取经验和教训，帮助我们更好地规划和发展职业生涯。在职业生涯规划中，我们需要设定明确的目标和计划，保持积极的心态和坚持不懈的努力，同时要有长远的眼光和全局的思考。只有这样，才能实现职业生涯的成功和成长。

第三节 职业生涯规划应用

一、学生时期的职业生涯规划

学生时期是每个人职业生涯规划的起点，也是最重要的阶段之一，因为在这个阶段，个体正处于教育培养的关键时期，同时也是对自我能力和兴趣的探索期。成功的职业生涯规划能够帮助学生了解自己的兴趣和能力，明确自己的职业方向，制定合理的目标，并为未来的职业发展奠定基础。

（一）自我评估与自我认知

在学生时期进行职业生涯规划时，首先需要进行自我评估与自我认知。自我评估是指通过对自身能力、兴趣、价值观等方面的分析和评估，了解自己的优势和不足，从而确定适合自己的职业方向。自我认知则是指对自己的性格、价值观、兴趣爱好等方面的深入了解，可以通过参加各种活动、实习或志愿工作来积累经验，增强自我认知，以便更好地选择适合自己的职业。

（二）职业探索与信息获取

通过职业探索，学生可以了解各种职业的特点、要求和发展前景，从而更好地选择适合自己的职业方向。此外，学生还应该积极获取各种职业信息，通过实地考察、参观企业、参加职业讲座等方式了解不同职业的工作内容、发展前景和要求；利用网络、书籍、咨询师等渠道获取更多信息，帮助自己更好地了解职业选择。

（三）设定职业目标

在了解自己和职业信息的基础上，学生应该根据自己的兴趣、能力和价值观，结合对职业市场的认知，制定明确、可行的职业目标。这些目标应该具体、可行，并与自己的兴趣和能力相匹配。同时，需要考虑到未来职业市场的需求和趋势，以及个人的长远发展。

（四）制订学习和职业发展计划

学生时期，学习是最重要的任务之一。学生们需要制订合理的学习计划，明确自己的学习目标和步骤，并根据实际情况进行调整。同时，还需要培养良好的学习习惯和方法，提高学习效率和质量。制订职业发展计划是学生时期职业生涯规划的关键步骤。学生应该根据自己的职业目标，制订详细的行动计划，通过参加暑期实习、校外实践等方式接触真实的工作环境和任务，了解职业的具体要求和挑战。这些经验不仅可以帮助学生们更好地规划自己的职业发展，还可以增强就业竞争力。

（五）实施职业发展计划

制订好职业发展计划后，学生需要积极地去实施这些计划。包括提高自身的学习能力和专业技能，积累实践经验，参加各种培训和实习项目等。同时，学生还需要根据自己的职业目标不断调整和优化发展路径。学生们可以通过参加课外活动、社团组织、实习等方式提升专业知识和实践能力，也可以通过参加培训班、自学等方式学习其他相关技能，为将来的职业发展打下坚实的基础。

（六）定期评估与调整

在实施职业发展计划的过程中，学生需要定期对自己的发展情况进行评估和调整。包括对自己的能力和兴趣进行重新评估，对职业目标进行修正和调整，以及对自己的行动计划进行反思和优化。此外，也要关注自己的心理健康和生活平衡，保持良好的心态和积极的人生态度。只有不断地进行评估和调整，才能保持职业生涯规划的有效性和可持续性。

总之，学生时期的职业生涯规划是一个复杂而关键的过程。通过自我评估与自我认知，职业探索与信息获取，设定职业目标，制订学习和职业发展计划，实施职业发展计划，定期评估与调整等步骤，学生可以更好地规划自己的职业生涯，为未来的发展打下坚实的基础。在这个阶段，学生应该注重培养综合素质，提高自身的能力水平，为将来的职业发展做好准备。同时，学生还应该保持积极的心态，勇于追求自己的梦想，并不断地提升自己的职业竞争力。只有这样，才能在竞争激烈的职场中脱颖而出，实现个人职业生涯的成功和发展。

二、初入职场的职业生涯规划

初入职场是个体职业生涯中至关重要的一个阶段，对于刚踏入职场的年轻人来说，这个阶段充满了新鲜和挑战。在这个阶段，个体需要做出许多重要的决策，以确保顺利进入职场，实现职业发展目标。本节将从以下几个方面来介绍初入职场阶段的职业生涯规划的应用，包括如何选择合适的行业和职位、如何建立职业网络和提升职业竞争力等方面。

（一）选择合适的行业和职位

在初入职场时，选择合适的行业和职位至关重要。个体应根据自己的兴趣、能力和职业目标来选择适合自己的行业和职位。同时，也需要考虑到行业的发展前景和自身的发展需求。在做出选择之前，可以进行一些调研和咨询，了解不同行业和职位的特点和要求，从而做出更加明智的决策。

（二）建立职业网络

初入职场的人往往缺乏丰富的社会资源和人脉关系，年轻人需要通过建立职业人脉来扩大自己的影响力和资源。良好的职业网络可以为个体提供许多机会和资源，帮助其更好地发展职业。建立职业网络的方法包括参加行业活动、加入专业组织、参加培训课程等来认识更多的人，并与他们建立联系。与不同背景和经验的人交流，有助于年轻人拓宽思路，了解行业动态，为职业发展创造更多的机会。此外，通过社交媒体平台也可以扩大社交圈子，并与更多的行业专业人士进行交流和合作。

（三）提升职业竞争力

在竞争激烈的职场中，提升职业竞争力是初入职场者需要关注的重要问题。初入职场的年轻人往往对工作内容和要求还不太了解，需要通过学习专业知识和技能来提升自己的竞争力。首先，个体需要不断学习和提升自身的专业知识和技能，以适应不断变化的工作环境。其次，积极参与各种培训和学习机会，获得更多的证书和资质，增加自己的竞争力，他们还可以积极参与工作中的各种机会和项目，通过实践来不断积累经验，提高自己的工作能力。此外，注重个人形象和沟通能力的培养也是提升职业竞争力的重要因素。

（四）明确职业目标和制订职业发展计划

初入职场，年轻人需要通过职业生涯规划来明确自己的职业目标，并制订相应的职业发展计划。职业目标应该具体、可行，并与个人的兴趣和能力相匹配。职业发展计划是实现职业目标的路线图，包括明确的时间表、行动计划和评估方法。制订职业发展计划可以帮助个体更好地规划自己的职业生涯，并在职业发展过程中不断调整和优化。年轻人可以通过深入了解自己的兴趣、爱好和优势来确定想要从事的职业领域。同时，还需要考虑自己的职业发展方向，包括是希望在同一行业内不断深耕，还是希望跨行业发展。通过明确职业目标，年轻人可以更加有针对性地制订职业规划，为未来的职业发展做好准备。

（五）树立积极的职业形象

初入职场的年轻人需要保持积极的心态，勇于面对各种挑战和机遇。面对工作压力、竞争激烈等问题，只有积极应对并主动解决，才能在职场中不断成长。同时，他们还应善于抓住机遇，勇于接受新的挑战，并通过努力和实践来实现自己的职业目标。初入职场的人应该注重建立良好的职业形象，包括仪表仪容的注意、言行举止的得体、工作态度的积极等。良好的职业形象可以给雇主和同事留下深刻的印象，有助于个人职业发展。此外，通过积极参与团队合作和主动承担责任等也可以展示个人的专业能力和价值。

初入职场是每个人职业生涯中至关重要的一个阶段，充满挑战和机遇。对于年轻人来说，职业生涯规划至关重要，通过合理的职业生涯规划，明确职业目标、学习专业知识和技能、建立职业人脉、制定职业发展计划以及积极面对挑战和机遇，可以更好地适应职场环境，实现个人职业发展的目标，并为未来的职业发展奠定良好的基础。因此，初入职场的人应认真对待职业生涯规划，做出明智的决策，并积极努力实现自己的职业梦想。

三、中期职业生涯规划

中期职业生涯是指个体在职业生涯发展中处于工作经验积累阶段的时期，此时人们已经有了一定的工作经验和专业知识，进入了自己所选择的职业领域，开始逐渐融入工作环境，并且对职业方向有了更清晰的认识。同时，进入职业中期，人们面临着一系列挑战和机遇，需要通过职业生涯规划做出正确的决策和行动。因此，中期职业生涯规划对于个人的职业发展非常重要。

（一）职业定位与目标设定

中期职业生涯规划的首要任务是明确职业定位和设定相应的职业目标。个体应该综合考虑自己的兴趣、能力、价值观以及市场需求等因素，通过对自身的评估和分析，了解自己的优势和劣势，确定适合自己的职业道路，确定符合自己长期发展规划的职业方向，设定具体的职业目标，明确想要达到的职位和职业发展阶段，并制定相应的计划和策略。

（二）提升专业能力与技术水平

在中期职业生涯规划中，个体应注重提升专业能力和技术水平，通过不断学习和培训，掌握行业内最新的技术和知识，提高工作中的竞争力。同时，参加相关认证考试，获得相应的职业资格证书，增加自己的信任度和认可度。

（三）拓宽职业发展路径

中期职业生涯规划阶段，个体应思考如何拓宽自己的职业发展路径，提升自己的职业素质和能力。个体可以通过主动参与跨部门项目、担任团队负责人或者参加培训课程、进修学习、参与行业协会等方式，积累更多的工作经验和人脉资源。同时，可以考虑转换岗位或者行业，寻找更适合自己发展的机会。

（四）建立良好的人际关系和职业网络

在中期职业生涯规划中，建立良好的人际关系和职业网络至关重要。个体可以通过参加行业内的职业活动、加入专业组织或者利用社交媒体平台来扩大人脉圈，同时与同行业的专业人士保持联系，分享经验和资源，为自己的职业发展提供更多的机会和支持。在职业中期，个体可能会面临职业转型的情况。转型时个体要重新评估自己的能力和兴趣，了解目标职业的要求和挑战，制定合理的职业转型计划。同时，也要做好心理准备，面对职业转型过程中的困难和挫折。

（五）寻求职业发展的挑战和机会

在中期职业生涯规划中，个体面临着各种职业挑战，如工作压力、职业竞争等，应主动寻求职业发展的挑战和机会。个体可以通过寻求职业指导和咨询，学习应对职业挑战的技巧，提高的应变能力；可以积极参与公司内部的重大项目，争取更多的工作责任和成就感；可以考虑参加外部的培训课程、学习交流活动或者申请国外工作经验，拓宽职业视野和国际化能力。

（六）平衡工作与生活

在中期职业生涯规划中，平衡工作与生活也是非常重要的。个体应该学会合理安排工作和休闲时间，保持身心健康。比如，通过培养兴趣爱好、参加体育锻炼、与家人朋友交流等方式来缓解工作压力，提高工作效率和生活质量。

（七）不断评估与调整

在中期职业生涯规划中，个体应定期进行职业发展评估和调整。可以通过与上级、同事或者专业导师进行交流和反思，了解自己的职业发展状态和问题所在，并制定相应的调整策略。同时，还要关注行业的发展动态和市场需求的变化，及时调整自己的职业目标和发展计划。

总之，中期职业生涯规划是关键的阶段，是重要的转折点，决定了个体职业生涯的发展方向，对于个体的职业发展具有重要的影响。个体应在这个阶段中明确自己的职业定位和目标，并通过提升专业能力、拓宽职业发展路径、建立人际关系和职业网络等方式实现职业生涯的发展。同时，不断进行评估和调整，适应行业变化和个人成长的需求，不断提升自己的职业素质和能力，为未来的职业发展打下坚实的基础。

四、高级阶段的职业生涯规划

职业生涯的高级阶段是个体在职场中取得较高职位和成就的阶段，此时通常已经积累了丰富的工作经验，并取得了一定的职业成就。在这个阶段，个体需要更加深入地思考自己的职业目标和发展方向，并做出相应的规划和准备。这个阶段的职业生涯规划更加注重个体的发展和长远目标的实现。以下是高级阶段的职业生涯规划的具体应用。

(一) 职业定位与目标设定

在高级阶段，个体需要对自己的职业定位有更加明确的认识。职业定位是指个体在职场中所追求的职位和角色，以及个体对职业生涯的整体规划。个体需要对职业方向有清晰的认识，设定明确的职业目标，并制订相应的发展计划。职业定位可以通过分析自己的专业领域、兴趣爱好以及个人优势来确定。设定职业目标时，要考虑长远发展和个人价值观，同时结合行业趋势和市场需求进行合理规划。

(二) 深化专业技能与知识

在高级阶段，个体需要深化自身的专业技能和知识，保持对专业领域的敏感度和了解，通过参加行业研讨会、学习进修课程、阅读专业书籍等方式不断提升专业能力和竞争力，同时关注行业的最新趋势和技术发展，及时调整学习和发展方向。

(三) 发展领导力与管理能力

在高级阶段，个体需要培养和发展领导力与管理能力，以应对更高级别的职位和工作要求，包括对团队的领导和管理，对项目的规划和执行，以及对组织的战略决策等方面的能力。通过参与管理培训、担任项目负责人、积极参与跨部门合作等方式，提升自己的领导与管理能力，为职业生涯的发展打下坚实的基础。同时，个体还应注重自身的人际沟通、决策能力和问题解决能力的提升，以更好地应对职场挑战。

(四) 构建个人品牌与职业形象

在高级阶段，个人品牌和职业形象的塑造变得尤为重要。个体需要通过建立良好的职业关系网、积极参与行业活动、发表专业文章等方式，提高自己的知名度和影响力。同时，还要注意个人形象的塑造，包括仪表仪容、言谈举止、沟通能力等方面，主动参与各种社交活动和行业会议，与同行业的专业人士建立联系，并积极参加各类社团组织和商务活动，扩大自己的人脉圈，从而获取更多的机会和资源。

（五）寻求更高级别的职位和职业机会

在高级阶段，个体应积极寻求更高级别的职位和职业机会，如通过与上级领导沟通交流，表达自己的职业发展愿景和目标，寻求晋升和提升的机会。同时主动关注市场和行业的动态，寻找适合自己发展的职业机会。个体可以制定长期和短期的职业目标，并制定相应的行动计划和时间表。个体还可以通过与上级或导师沟通，了解公司的发展方向和晋升机会，从而更好地规划自己的职业道路。同时，不断反思和调整职业规划，以适应职场环境的变化。

（六）寻求个人成就和满足感

在高级阶段，个体需要寻求个人成就和满足感。这可以通过实现自己设定的职业目标、获得专业认可和奖励、对社会做出重要贡献等方式来实现。个体应该不断挑战自我，追求更高水平的工作和生活质量，同时关注个人的幸福感和生活平衡。个体应合理安排工作时间，争取更多的休息和娱乐时间，保持身心健康，注重家庭和社交生活，与家人和朋友保持良好关系，以增加幸福感和满足感。

（七）继续学习和发展

职业高级阶段并不意味着个体的学习已经结束，而应继续学习并提升自己的专业能力和知识水平。个体可以通过进修学位、参加培训课程、、担任行业协会职务、进行学术研究、获得专业认证等方式来提高自己的竞争力和市场价值。职业生涯是一个不断学习和成长的过程，只有这样才能保持竞争力和持续进步，个体应注重自我学习和积累，通过阅读、研究和实践来不断提升专业素养。

高级阶段的职业生涯规划需要个体对自己的发展有清晰的认识和规划，通过明确职业定位、继续学习、拓展人脉、培养领导能力、规划职业发展和平衡工作与生活等方面的努力取得更好的发展和成就。在实施过程中，个体要保持积极的态度和持续的努力，不断提升能力和竞争力，同时不断反思和调整自己的职业规划，以适应职场环境的变化。另外，还要注重个人幸福感和生活质量的提升，追求工作与生活的平衡，只有这样才能取得更大的成就和获得满足感。

第四节　职业生涯规划评估

一、职业生涯规划评估

（一）职业生涯规划评估工具介绍

职业生涯规划评估工具是帮助个体评估和测量自己职业生涯规划进展和效果的工具。通过使用这些工具，个体可以更好地了解自己的职业兴趣、能力和价值观，并将其与职业目标相匹配。常用的职业生涯规划评估工具有：

1. MBTI 职业性格测试

MBTI 职业性格测试基于荣格心理学理论，通过测量个体的心理偏好，将人们分为 16 种不同的性格类型，每种性格类型都与特定的职业兴趣和能力相关联。通过进行 MBTI 测试，个体可以更好地了解自己的职业适应性和发展方向。

2. 职业兴趣测试

职业兴趣测试通过提供一系列问题或情境来评估个体对不同职业领域的偏好程度。通过分析测试结果，个体明确自己对哪些职业更感兴趣，并据此制定职业目标和规划。

3. 能力评估工具

能力评估工具通过测试个体在不同方面的能力水平，如沟通能力、领导能力、分析能力等，使个体适当地选择适合自己能力的职业方向，并制定相应的职业发展计划。

4. 职业价值观测量工具

职业价值观测量工具通过提供一系列问题或情境来评估个体对不同价值观的偏好程度，如团队合作、创新、责任感等，使个体了解自己的职业价值观与各种职业是否匹配，并根据自己的价值观制定相应的职业规划。

5. SWOT 分析

SWOT 分析用于评估个体的优势、劣势、机会和威胁，从而找到适合自己发展的机会，并预测可能对自己职业发展产生的威胁。这些信息对于制定职业规划和发展计划非常重要。

总之，职业生涯规划评估工具是帮助个人评估和测量职业生涯规划进展和效果的重要工具。需要注意的是，评估工具只是提供参考和指导，个体还需要结合实际情况和个人经验做出最终的决策和规划。

（二）职业生涯规划有效性的衡量指标

职业生涯规划是一个重要的过程，有助于个体在职业发展道路上做出明智的决策，并最大化自己的潜力和机会。那么，职业生涯规划的有效性如何衡量呢？以下是一些常用的衡量指标。

1. 实现职业目标的程度

有效的职业生涯规划应能够帮助个体达到设定的职业目标，并在职业发展中取得进展。因此，通过评估个体是否成功实现了职业目标可以衡量职业生涯规划的有效性。

2. 职业满意度

有效的职业生涯规划应能够帮助个体找到适合自己的职业，从而提高职业满意度。职业满意度可以通过个体对当前职业的满意度和对未来职业发展的期望来衡量。

3. 职业成就

有效的职业生涯规划应能够帮助个体在职业发展中取得积极的成果和进展。职业成就可以通过个体在工作中的表现、职位晋升等来衡量。

4. 职业稳定性

有效的职业生涯规划应能够帮助个体建立稳定的职业生涯，避免频繁的职业转换或不稳定的职业状态。职业稳定性可以通过个体在职业生涯中的工作持续时间、职位变动频率等来衡量。

5. 职业发展潜力

有效的职业生涯规划应能够帮助个体发现和利用自己的潜力，为未来的职业发展提供更多机会和可能性。职业发展潜力可以通过个体在职业生涯中的成长速度、获得的晋升机会等来衡量。

6. 职业适应能力

有效的职业生涯规划应能够帮助个体适应职业发展中的各种变化和挑战，并迅速调整职业策略和行动计划。职业适应能力可以通过个体在职业发展中的灵活性、适应能力和解决问题的能力来衡量。

总之，衡量职业生涯规划有效性的指标有很多，可以帮助个体评估自己的职业生涯规划是否有效，并根据评估结果进行相应的调整和改进。同时，这些指标也可以帮助组织和教育机构评估和改进职业生涯规划服务和支持。

（三）职业生涯规划的跟踪与评估方法

职业生涯规划是一个长期的过程，需要不断地跟踪和评估，帮助个体了解自己的进展情况，并及时进行调整和改进，以确保目标的实现和发展的持续性。

1. 职业生涯规划的跟踪方法

（1）设定明确的目标和时间表：在职业生涯规划初期，个体应该设定明确的目标并制定时间表，以便跟踪进展情况。目标应具体、可衡量，并设定合理的时间限制。

（2）建立个人档案：个体可以建立一个职业生涯档案，记录自己的工作经历、培训经历、成就和奖项等，帮助个体更好地了解自己的职业发展历程，并为未来的职业决策提供参考。

（3）定期回顾和反思：个体应该定期回顾自己的职业生涯规划，并进行反思。回顾的频率可以根据个人情况而定，如每个季度、每年或者每几年进行一次。通过回顾和反思，个体可以评估进展情况，发现问题并及时进行调整。

（4）寻求反馈和建议：个体可以寻求他人的反馈和建议，了解自己在职业生涯规划中的表现和不足之处，通过向上级、同事、朋友或职业指导专家咨询，以获得有益的建议和指导。

（5）制订行动计划：根据跟踪的结果和反馈的意见，个体应该制订具体的行动计划，以实现职业生涯目标。行动计划包括具体的步骤、时间表和资源需求等，帮助个体实现进一步发展。

2. 职业生涯规划的评估方法

（1）自我评估：个体可以通过自我评估来评估自己在职业生涯规划中的表现和进展情况，包括对自己的能力、兴趣、价值观和目标，以及职业发展计划的评估。

（2）绩效评估：个体可以通过绩效评估来评估自己在工作中的表现和职业发展情况，包括上级、同事和客户的评估等，从而了解自己的优势和不足之处。

（3）反馈评估：个体可以通过寻求他人的反馈来评估自己在职业生涯规划中的表现和进展情况。反馈可以来自上级、同事、朋友或职业指导专家，帮助个人发现自己的盲点和改进的方向。

（4）职业发展评估：个体可以通过职业发展评估来评估自己在职业生涯规划中的进展和成就，包括职业发展目标的实现情况、职业发展计划的执行情况和职业发展机会的利用情况等。

（5）跟踪调查：个体可以通过跟踪调查来评估自己在职业生涯规划中的进展情况和职业发展的效果，包括问卷调查、面试和实地调研等，帮助个体了解自己在职业生涯规划中的成果和不足。

在进行职业生涯规划的跟踪和评估过程中，个体应该保持积极的态度和开放的心态，接受反馈和建议，并及时做出调整和改进。同时关注职业发展目标和价值观的一致性，确保职业生涯规划与个人的理想和愿景相符合。通过不断地跟踪和评估，个体将实现职业生涯规划的持续发展和持久成功。

二、职业生涯规划的总结展望

职业生涯规划是指个体在职业发展过程中，通过明确职业目标、制订相应计划，并不断进行评估和调整，以实现职业发展和成长的过程。在职业生涯规划的各个阶段中总结展望是至关重要的环节，可以反思自己的成长与进步，并为未来的职业发展制定更加明确的目标和计划。

首先，在学生时期，总结展望可以帮助个体回顾在校期间所取得的成绩和经验，评估自己在学习上的优势和不足，了解自己所感兴趣的领域和专业，并且确定职业目标。通过总结展望，个体能够更清楚地了解自己的优势和劣势，为未来的职业生涯做好准备。

其次，在初入职场阶段，总结展望可以帮助个体回顾自己在工作中所取得的成就和经验，评估自己在工作中的表现和能力，了解职业发展方向，并确定职业发展计划。通过总结展望，个体能够更清楚地了解自己在工作中的优势和不足，为未来的职业生涯做好规划。

再次，在职业中期阶段，总结展望可以帮助个体回顾自己在职业生涯中所取得的成果和经验，评估自己在职业发展中的成就和挑战，了解自己的职业发展需求，并确定职业发展目标。通过总结展望，个体能够更清楚地了解自己在职业生涯中的成长和进步，为未来的职业发展制订更加明确的计划。

最后，在职业高级阶段，总结展望可以帮助个体回顾自己在职业生涯中的成果和贡献，评估自己在职业发展中的领导力和影响力，了解自己的职业发展潜力，并且确定职业发展方向。通过总结展望，个体能够更清楚地了解自己在职业生涯中的价值和影响力，为未来的职业发展做出更加明智的决策。

总之，总结展望是职业生涯规划中不可或缺的一部分，有助于个体更好地认识自己，为职业生涯制订明确的目标和计划，实现个人价值和成就。

第七章　家庭生涯规划与实践

　　家庭生涯规划是伴随着职业生涯规划、学校生涯教育发展起来的，三者相辅相成、紧密融合，是经济社会发展和人民幸福生活追求的必然结果。平衡个人发展与家庭稳定的关系，共同参与家庭生涯规划的制定和实施，可以为个体的人生发展提供更好的支持和指导，更好地实现家庭生涯规划与个人发展的目标，提升家庭整体素质和幸福感，推动社会的进步和发展。

第一节　家庭生涯规划的提出

一、家庭生涯规划概述

（一）研究背景

　　家庭生涯规划是指在家庭中制定和实施一系列目标和计划，以促进家庭成员的个人发展、职业发展和生活满意度。随着社会经济的快速发展和家庭结构的变化，家庭生涯规划在现代社会中变得越来越重要。

　　首先，现代社会的高度竞争和不稳定性对个体和家庭提出了更高的要求。传统的生涯规划模式过于注重个人的职业发展而忽视了家庭的整体发展，已经无法满足现代家庭的需求因为它。因此，家庭生涯规划的概念应运而生，旨在帮助家庭成员更好地平衡个体、家庭和职业生活。

　　其次，家庭作为一个基本的社会单位，对个体的发展和幸福感起着至关重要的作用。家庭生涯规划可以帮助家庭成员更好地认识自己的兴趣、价值观和能力，并根据这些因素制定适合自己的职业和生活目标。通过家庭生涯规划，家庭成员可以更好地了解彼此的需求和期望，提高家庭内部的协调性和幸福感。

再次，教育是家庭生涯规划的重要组成部分。随着教育水平的提高和竞争压力的增加，越来越多的家庭意识到教育规划对于孩子的未来至关重要。通过家庭生涯规划，家长可以帮助孩子选择合适的学校和专业，并提供必要的支持和指导，以确保孩子获得良好的教育和发展机会。

最后，家庭生涯规划还涉及财务规划。随着社会经济的发展和家庭负担的增加，家庭成员需要有效地管理财务，以实现个人和家庭的长远发展目标。家庭生涯规划可以帮助家庭成员制定合理的消费计划、储蓄计划和投资计划，以确保家庭的经济状况稳定和可持续发展。

综上所述，家庭生涯规划，不仅能够帮助家庭成员实现个人和职业目标，还能够促进家庭内部的和谐与幸福。因此，研究家庭生涯规划的概念、要素和实施方法对于提高家庭成员的生活质量具有重要的现实意义。本部分旨在深入探讨家庭生涯规划的相关问题，并通过案例分析和讨论提出有效的实施策略和建议。

（二）研究意义

家庭生涯规划作为一种重要的生涯发展策略，对个体、家庭和社会都具有重要的意义。本研究旨在探讨家庭生涯规划的概念、要素、实施和案例分析，并分析其对个人和家庭的重要性，以及对社会发展的贡献。

首先，家庭生涯规划对个体的意义不言而喻。家庭生涯规划可以帮助个体明确目标和职业发展方向，更好地规划学习、工作和生活，实现自身的成长与发展。同时，家庭生涯规划还可以帮助个体合理安排时间、管理资源，提高工作效率和生活质量，应对职业发展中遇到的困难，提高适应能力和抗压能力。

其次，家庭生涯规划对家庭的意义也非常重大。家庭是个体发展的重要基石，家庭生涯规划可以帮助家庭成员在发展过程中相互支持和协作。通过共同制定家庭目标和规划，家庭成员可以更好地理解彼此的需求和期望，增进彼此的沟通和互动，同时还可以帮助家庭成员合理分配家庭资源，提高家庭的经济状况和生活品质。另外，家庭生涯规划还能够培养家庭成员的团队合作精神和解决问题的能力，增强家庭的凝聚力和稳定性。

最后，家庭生涯规划对社会的意义也不可忽视。良好的家庭生涯规划可以促进社会的稳定和繁荣。通过提高个体和家庭的职业竞争力和生活质量，家庭生涯规划有助于减少社会不平等和贫困现象，提高社会的整体素质和幸福感，培养社会成员的责任感和公民意识，促进社会的和谐发展。通过研究家庭生涯规划的实施步骤、障碍与挑战以及提高实施效果的方法，可以为社会制定相关政策和措施提供参考，推动社会的进步和发展。

综上所述，家庭生涯规划对个人、家庭和社会都具有重要的意义。通过深入探讨家庭生涯规划的概念、要素、实施和案例分析，可以为个体和家庭提供有效的发展策略，为社会的稳定和繁荣做出贡献。

（三）家庭生涯规划的概念和内容

家庭生涯规划是指家庭成员通过设定目标、规划资源、管理时间、职业发展、教育规划以及财务规划等一系列步骤，为家庭成员和家庭的长远发展制定计划和策略的过程。它是一个系统性的过程，旨在帮助家庭成员实现职业发展、提高生活质量以及实现家庭的整体繁荣。

在家庭生涯规划中，家庭成员需要共同参与和合作，相互支持和配合，积极规划和管理家庭的未来。家庭生涯规划的核心是目标设定。家庭成员需要明确个人目标和家庭目标，为实现这些目标付出努力。目标设定是一个动态的过程，需要不断地修正和调整，家庭成员应该根据自身情况和变化的环境来设定目标，并制定相应的计划和策略。

资源规划是家庭生涯规划中的重要一环。家庭成员需要评估家庭资源，包括时间、金钱、人力等，并合理分配和利用这些资源。资源规划有助于提高家庭的效率和生活质量。

时间管理是家庭生涯规划中不可忽视的一部分。家庭成员需要学会合理安排时间，平衡工作和家庭生活。时间管理可以帮助家庭成员更好地利用时间，提高工作效率，并增加家庭成员之间的亲密度。

职业发展是家庭生涯规划的重要方面之一。家庭成员应该有明确的职业目标，并制定相应的职业规划。职业发展需要家庭成员不断学习知识，提升技能，为自己的职业生涯制订长远的计划。

教育规划是家庭生涯规划的关键部分。家庭成员应该认识到教育的重要性，并为自己和子女的教育设定目标和计划。教育规划包括选择适合的学校、专业以及培养良好的学习习惯和技能等。

财务规划是家庭生涯规划中的重要环节。家庭成员需要制定合理的财务目标，并采取相应的策略来实现这些目标。财务规划包括储蓄、投资、理财等方面，有助于家庭成员实现经济独立和财务自由。

家庭生涯规划的实施需要家庭成员共同努力。它不仅仅是理论上的，更需要家庭成员在实际生活中付诸实施。家庭成员可以通过设立小目标、分解大目标，制订具体的计划和时间表来实施家庭生涯规划。在实施家庭生涯规划的过程中会面临各种障碍和挑战，家庭成员需要清醒认识，并采取相应的措施来克服。时间紧张、经济困难、家庭成员之间的冲突等都可能成为实施家庭生涯规划的障碍。为了提高实施效果，家庭成员应该保持积极的态度和动力，坚持不懈地追求目标，并且互相支持和鼓励，在困难时给予帮助和理解。此外，家庭成员还可以寻求专业的指导和建议，以获取更好的实施效果。

综上所述，家庭生涯规划是帮助家庭成员实现个人和家庭发展的重要过程，需要家庭成员共同参与合作，通过设定目标、规划资源、管理时间、职业发展、教育规划以及财务规划等一系列步骤来实现。家庭生涯规划的实施可能会面临一些挑战和障碍，但通过积极的态度、团队合作和寻求专业指导，家庭成员可以克服这些问题，并取得良好的实施效果。

（四）家庭生涯规划的重要性

家庭生涯规划是指家庭成员根据自身情况和目标，在不同生活阶段中制定和实施的一系列计划和行动，涉及个人的职业发展、教育规划、财务规划以及时间管理等方面。家庭生涯规划对于家庭的发展和成员的个人发展都具有重要意义，其重要性体现在多个方面。

1. 家庭生涯规划能促进家庭稳定和幸福

家庭生涯规划可以帮助家庭成员明确自己的目标，并做出相应的规划和安排，使得家庭的发展更有条理和计划。家庭成员通过制定共同的目标和规划，可以增强家庭凝聚力和协作能力，提高家庭的稳定性和幸福感。例如，夫妻双方可以通过共同制定的财务规划来管理家庭的经济状况，避免因为经济问题而对家庭关系产生负面影响；父母可以根据子女的教育需求和家庭的经济状况，制定合理的教育规划，为子女提供良好的教育资源和发展机会。

2. 家庭生涯规划有助于个人职业发展和成长

家庭生涯规划不仅关注家庭整体的发展，也关注家庭成员的职业发展和成长。家庭成员通过制定个人的职业目标和规划，可以更好地发挥自己的潜力和优势，提高职业竞争力，实现个人价值。家庭生涯规划可以帮助成员明确自己的职业目标，并制定相应的职业规划和发展路径。例如，父母可以根据自己的兴趣和能力选择适合自己的职业，并通过学习和培训不断提升专业能力；子女可以根据兴趣和特长选择适合自己的教育和职业发展方向，为自己的未来做好规划。

3. 家庭生涯规划有助于家庭资源的合理利用

家庭生涯规划可以帮助家庭成员合理利用家庭资源，实现资源的最大化利用效益。家庭资源包括时间、金钱、人力等各种资源。通过制定和执行家庭生涯规划，家庭成员可以更好地安排自己的时间，提高时间利用效率；可以根据家庭的经济状况制定财务规划，避免浪费和不必要的消费；可以充分利用家庭成员的能力和技能，实现家庭资源的最优配置。例如，夫妻双方可以通过合理的时间管理，平衡工作和家庭生活，提高工作效率和家庭幸福感；父母可以通过合理的财务规划，为子女的教育和未来发展提供良好的经济支持。因此，家庭生涯规划对于家庭资源的合理利用具有重要意义。

综上所述，家庭生涯规划对于家庭的发展和成员的个人发展都具有重要意义。它可以促进家庭稳定和幸福，有助于个人职业发展和成长，同时也有助于家庭资源的合理利用。因此，家庭成员应该重视和积极参与家庭生涯规划，为家庭的发展和个人的成长创造更好的条件和机会。

（五）家庭生涯规划与个体发展的关系

在现代社会中，家庭生涯规划作为一种重要的概念，已经引起了越来越多人的关注。家庭生涯规划不仅对于个体自身的发展具有重要意义，同时也对整个家庭的未来起到关键作用。以下将探讨家庭生涯规划与个体发展之间的密切关系，并分析其相互影响。

首先，家庭生涯规划对个体发展具有指导作用。通过制定合理的目标设定、资源规划、时间管理等，家庭成员可以更好地规划自己的生涯发展。家庭生涯规划可以帮助个体明确职业目标和发展方向，从而更加有针对性地进行发展规划。例如，家庭成员可以通过家庭生涯规划，明确自己想要从事的职业和所需要具备的技能和知识，进而有针对性地选择相应的教育和培训机会，提升竞争力和专业能力。

其次，个体发展也会影响家庭生涯规划的制定和实施。个体的能力、兴趣和价值观等因素，会对家庭生涯规划的内容和方向产生影响。例如，家庭成员如果具备较强的领导能力和组织能力，可能会更加倾向于选择经营自己的事业或创业，从而对家庭生涯规划中的职业发展和财务规划产生影响。另外，个体的教育背景和专业技能也会对家庭生涯规划的实施产生影响。受过高等教育的家庭成员可能更加注重教育规划和职业发展，而技术型家庭可能更加注重技能培养和职业晋升。

此外，家庭生涯规划与个体发展之间还存在相互促进的关系。家庭生涯规划的制定和实施可以为个体的发展提供支持和保障。通过家庭生涯规划，家庭成员可以更好地调配家庭资源，提供必要的支持和帮助，促进个人的发展。同时，个体的发展也会对家庭生涯规划产生积极影响。成功的个体发展可以为整个家庭创造更好的经济条件和生活环境，提升家庭的整体素质和幸福感。

家庭生涯规划与个体发展之间也存在一定的挑战和障碍。首先，个体发展受到家庭背景、社会环境等因素的制约。尤其在农村地区或贫困家庭中，由于资源的匮乏和机会的有限，个体发展空间和机会受到限制。其次，个体的发展可能会对家庭产生负面影响，如长时间的加班可能会导致个人与家庭成员之间的疏离和冲突。因此，在家庭生涯规划中需要平衡个人发展与家庭稳定的关系，注重家庭成员之间的沟通和协调。

为了更好地实现家庭生涯规划与个体发展的关系，可以采取以下方法：首先，家庭成员应该共同参与家庭生涯规划的制定和实施过程，达成共识和协作。其次，家庭成员应该注重个人的职业发展和教育培训，提高自身能力和竞争力。同时，家庭成员应该相互支持和理解，共同面对挑战和困难。最后，家庭成员应该根据实际情况不断调整和完善家庭生涯规划，适应社会变化和个人发展的需要。

综上所述，家庭生涯规划与个体发展之间存在着密切的关系。家庭生涯规划可以为个体发展提供指导和支持，而个体的发展也会影响家庭生涯规划的制定和实施。通过平衡个体发展与家庭稳定的关系，共同参与家庭生涯规划的制定和实施，可以更好地实现家庭生涯规划与个体发展的目标，有助于提升家庭的整体素质和幸福感。

二、家庭生涯规划的要素

（一）目标设定

1. 目标设定的概念和作用

目标设定是指在家庭生涯规划中，明确和设定家庭成员所期望达到的具体目标和成果。目标设定能够帮助家庭成员明确自己的追求和期望，为实现这些目标而制定明确的计划和行动步骤。目标设定对于家庭生涯规划的成功实施起着至关重要的作用，可以激发家庭成员的积极性和动力，促使他们朝着设定的目标不断努力。

2. 目标设定的原则和要素

（1）具体性：目标应具体明确，能够清晰地描述所期望达到的结果。

（2）可测量性：目标应是可测量的，可以通过具体的指标和标准进行评估和检验。

（3）可实现性：目标应是可行的，能够在现实条件下实现。

（4）时限性：目标应设定明确的时间期限，以便家庭成员能够有计划地行动。

3. 目标设定的步骤

（1）确定家庭成员的需求和价值观：了解每个家庭成员的需求和价值观，才能制定符合家庭整体利益的目标。

（2）制定长期目标：根据家庭成员的需求和期望，制定长期的目标，明确希望在未来几年或者更长时间内实现的成果。

（3）制定中期目标：根据长期目标制定中期的目标，明确希望在较短的时间内实现的成果。

（4）制定短期目标：根据中期目标制定具体的短期目标，明确希望在近期内实现的成果。

（5）设定具体的行动计划：为每个目标制订具体的行动计划和步骤，明确需要采取的具体行动和时间节点。

（6）定期评估和调整目标：定期对已设定的目标进行评估和检查，并根据实际情况进行调整和修正。

4.目标设定的案例分析

【案例一】小明家庭生涯规划目标设定

长期目标：小明希望在未来十年内成为一名成功的企业家，拥有自己的公司，并获得良好的经济回报。

中期目标：小明希望在五年内通过努力工作积累足够的资金，开始自己的创业项目。

短期目标：小明希望在一年内完成市场调研和商业计划的编写，并开始筹备自己的创业项目。

行动计划：小明将每天抽出固定时间编写市场调研和商业计划，同时积极寻找合作伙伴和投资机会。

定期评估和调整：小明将每个季度对目标进行评估和检查，并根据实际情况进行调整和修正。

【案例二】小红家庭生涯规划目标设定

长期目标：小红希望在未来十年内成为一名成功的律师，为社会公正和正义做出贡献，并获得良好的职业声誉。

中期目标：小红希望在五年内通过努力学习和实践取得律师资格证书，并进入一家知名律师事务所工作。

短期目标：小红希望在一年内通过司法考试，顺利获得律师资格证书。

行动计划：小红将每天抽出固定时间进行法律知识的学习和司法考试的准备，同时积极参与相关的实践活动和社会实践。

定期评估和调整：小红将每个学期对目标进行评估和检查，并根据实际情况进行调整和修正。

【案例三】小刚家庭生涯规划目标设定

长期目标：小刚希望在未来十年内成为一名成功的教育家，为教育事业做出贡献，并为下一代的成长提供良好的教育环境。

中期目标：小刚希望在五年内通过努力学习和实践取得教育学硕士学位，并进入一所知名的中学任教。

短期目标：小刚希望在一年内通过教育学硕士研究生入学考试，顺利被录取。

行动计划：小刚将每天抽出固定时间进行教育学知识的学习和研究生入学考试的准备，同时积极参与相关的实践活动和社会实践。

定期评估和调整：小刚将每个学期对目标进行评估和检查，并根据实际情况进行调整和修正。

综上所述，目标设定是家庭生涯规划中的重要要素之一。通过明确和设定目标，家庭成员能够更好地规划和管理自己的生涯发展，为实现愿景和期望而努力奋斗。在实施目标设定过程中，家庭成员需要根据自身的需求和价值观，制定具体、可测量、可实现和有时限的目标，并制订相应的行动计划。同时，定期对目标进行评估和调整，以确保目标的实现效果和适应性。只有通过科学合理的目标设定，家庭生涯规划才能更加有效地推进，为家庭成员的发展和幸福生活提供有力支持。

（二）资源规划

资源规划是家庭生涯规划中至关重要的一环，涉及家庭所拥有的各种资源的有效管理和利用，以实现家庭成员的个人和家庭发展目标。资源规划包括但不限于以下几个方面：

1. 人力资源规划

人力资源是家庭最宝贵的资源之一，指的是家庭成员的能力、知识、技能和经验等各方面的潜力和实力。在家庭生涯规划中，人力资源规划主要包括以下几个方面：

（1）家庭成员的教育和培训：家庭成员通过接受教育和培训提高自身的知识水平和技能，从而增强就业竞争力，为家庭的发展提供更多的可能性。

（2）家庭成员的职业发展：通过规划和管理家庭成员的职业发展，使其能够获得更好的机会和发展空间，从而提高家庭的整体收入和生活质量。

（3）家庭成员的角色分工：根据家庭成员的个人特长和兴趣合理安排家庭成员在家庭事务中的角色分工，实现家庭资源的最大化利用。

2. 财务资源规划

财务资源是家庭生涯规划中不可或缺的一部分，指的是家庭所拥有的金融资产、投资收益和财务支出等方面的资源。在家庭生涯规划中，财务资源规划主要包括以下几个方面：

（1）家庭收入与支出的平衡：合理规划家庭的收入和支出，确保家庭经济状况稳定和可持续发展。

（2）家庭储蓄和投资：通过制订储蓄和投资计划提高家庭的财务安全感和财富积累能力。

（3）家庭债务管理：合理规划和管理家庭的债务，减少家庭负担，提高家庭的偿债能力和信用状况。

3. 时间资源规划

时间资源是家庭生涯规划中需要高度重视和有效管理的资源之一，指的是家庭成员在日常生活中所拥有的时间和时间利用的方式。在家庭生涯规划中，时间资源规划主要包括以下几个方面：

（1）家庭成员的时间分配：合理规划和管理家庭成员的时间分配，确保个人和家庭事务之间的平衡和协调。

（2）优化家庭日程安排：通过合理安排家庭的日程安排提高时间的利用效率，减少时间浪费，从而将更多的时间用于个人和家庭发展。

（3）家庭成员的休闲与娱乐：合理安排和管理家庭成员的休闲和娱乐活动，既满足个人需求，又不影响家庭的整体发展。

4.教育资源规划

教育资源是家庭生涯规划中需要充分利用和合理规划的一种资源，指的是家庭为子女提供的教育机会和教育环境。在家庭生涯规划中，教育资源规划主要包括以下几个方面：

（1）教育目标的设定：根据家庭成员的需求和愿望制定明确的教育目标，为子女的教育发展提供明确的方向和目标。

（2）教育机会的选择：选择适合家庭成员的教育机构和教育项目，提供高质量的教育资源，为子女的学习和发展提供良好的条件和机会。

（3）家庭教育的重视和培养：通过家庭教育培养家庭成员的人格品质、道德修养和社会责任感，为他们的未来发展打下坚实的基础。

综上所述，资源规划是家庭生涯规划中不可或缺的一部分，涉及人力资源、财务资源、时间资源和教育资源等方面的规划和管理。通过科学合理地规划和管理这些资源，可以帮助家庭实现个人和家庭发展的目标，提高家庭的整体素质和生活质量。

（三）时间管理

时间管理是家庭生涯规划中至关重要的要素。有效地管理时间可以帮助家庭成员更好地安排日常生活和工作，提高工作效率，增加家庭成员之间的互动时间，促进家庭的健康发展。

1.时间管理的概念

时间管理是指通过合理安排和有效利用时间达到事半功倍的效果，包括确定优先事项、制订计划、设定目标、集中注意力、避免时间浪费等一系列行为。

2.时间管理的重要性

时间是有限的资源，每个人每天只有 24 小时。在现代社会，家庭成员面临着许多任务和压力，如工作、学习、照顾子女、处理家务等。合理地管理时间能够使家庭成员更好地平衡各项任务，减少压力，提高生活质量。

3.时间管理的步骤

设定目标：明确家庭成员的个人和家庭目标，确定每个目标的时间要求。

制订计划：根据目标和时间要求制订具体的时间计划，包括每天、每周、每月的安排。

优先安排：优先安排重要且紧急的任务，尽量减少无关紧要的事务。

把握时间段：根据个人习惯和生物钟合理安排工作和休息的时间段。

集中注意力：在工作和学习时集中注意力，避免分散注意力的因素干扰。

避免延迟：不要拖延任务，及时处理，避免造成时间上的浪费。

4. 时间管理的技巧

制定优先级：将任务按照重要性和紧急程度进行排序，优先处理重要且紧急的事项。

分解任务：将大的任务分解为小的子任务，逐步完成，避免任务过于庞大而难以完成。

合理利用碎片时间：利用零散的时间完成一些小任务或者放松自己，提高效率。

设定时间限制：设定明确的截止时间，增加任务完成的紧迫感。

养成良好习惯：培养良好的时间管理习惯，如早起、定时休息等，使时间管理成为一种自然而然的行为。

5. 时间管理的挑战和解决方法

时间管理可能面临一些挑战，如时间紧迫、任务过多、外界干扰等。家庭成员可以采取以下方法来应对挑战：

学会拒绝：学会拒绝一些不必要的任务，避免过度承担压力。

寻求帮助：在面临困难时寻求他人的帮助和支持，分担任务。

灵活调整：在计划执行中根据实际情况进行合理灵活的调整。

保持平衡：合理安排工作和休息时间，保持身心健康的平衡。

综上所述，时间管理是家庭生涯规划中不可忽视的要素，通过合理安排时间，家庭成员可以更好地平衡各项任务，提高工作效率，增加互动时间，营造温馨和谐的家庭氛围。

（四）职业发展

职业发展是家庭生涯规划的重要要素之一，关乎家庭成员的职业选择、职业发展和职业满意度。在家庭生涯规划中，需要充分考虑和规划职业发展，以确保家庭成员能够获得稳定的职业发展，实现个人职业目标。

1. 职业选择

职业选择是职业发展的起点，在家庭生涯规划中，家庭成员需要通过自我认知和探索，了解自己的兴趣和能力，并将其与各种职业进行匹配，最终确定适合自己的职业道路。

2. 职业发展规划

职业发展规划是指家庭成员在职业道路上制订明确的目标和计划，为实现职业成功而努力。在家庭生涯规划中，家庭成员需要根据自己的职业目标和个人价值观，制订长期和短期的职业发展计划，并通过不断学习、培训和提升自己的能力，逐步实现职业目标。

3. 职业满意度

职业满意度是衡量家庭成员在职业生涯中对职业选择和发展的满意度。在家庭生涯规划中，家庭成员需要不断评估自己的职业满意度，并根据评估结果调整自己的职业规划，以确保能够获得更高的职业满意度。同时，家庭成员还需要关注工作环境、职业压力和平衡工作与家庭生活的问题，以提高职业满意度。

4. 职业发展的挑战和机遇

职业发展过程中，家庭成员会面临各种挑战和机遇。在家庭生涯规划中，家庭成员需要认识到这些挑战和机遇，并采取相应的策略来应对。例如，家庭成员可能会面临职业转型、职业晋升和职业发展路径的选择等问题，需要通过培养自己的适应能力和灵活性，积极应对职业发展的挑战，并抓住职业发展的机遇。

5. 职业发展的支持和资源

职业发展需要得到家庭和社会的支持和资源。在家庭生涯规划中，家庭成员可以通过与家人、朋友和职业导师的交流和合作，获得对职业发展的支持和指导。同时，家庭成员还可以利用各种职业资源和服务，如职业培训、职业咨询和就业机会等，提升职业竞争力和发展机会。

6. 职业发展的平衡

职业发展需要与个人生活和家庭生活进行平衡。在家庭生涯规划中家庭成员需要认识到职业发展与家庭生活之间的关系，努力寻找工作与家庭生活的平衡，并根据实际情况调整职业规划。家庭成员可以通过合理安排时间、积极管理工作压力、保持与家人沟通，实现职业发展和个人生活的和谐发展。

综上所述，职业发展是家庭生涯规划中不可忽视的要素之一，家庭成员需要通过自我认知和探索，确定适合自己的职业道路，并制定明确的职业发展目标和计划。同时还要关注职业发展的挑战和机遇，通过积极应对和抓住机遇，实现职业成功和满意度。最后，家庭成员还需要寻找工作与家庭生活的平衡点，实现职业发展和个人生活的和谐发展。通过合理规划和管理职业发展，家庭成员可以获得稳定的职业发展，达成个人职业目标。

（五）教育规划

教育规划是家庭生涯规划中至关重要的一个要素涉及家庭成员的学习和教育发展，对于个体的职业发展和未来的成功至关重要。教育规划旨在为家庭成员提供合适的教育机会和资源，以帮助他们实现自己的潜力和追求个人的职业目标。

1. 教育规划的重要性

通过教育规划，家庭可以为子女教育提供明确的目标和方向，帮助他们获得全面的知识和技能，培养良好的品德和价值观，为未来的职业发展做好准备。教育规划还可以帮助家庭成员了解不同的教育选择和路径，以便做出明智的决策，确保子女获得优质的教育资源。

2. 教育规划的目标设定

在进行教育规划时，家庭应该明确教育的长期目标和短期目标。长期目标包括子女的学术成就、专业发展以及个人兴趣和爱好的培养。短期目标包括每个学年的学习计划、课程选择和学习方法的培养。通过设定明确的目标，家庭可以更好地为子女的教育提供指导和支持。

3. 教育资源规划

家庭需要了解并评估可用的教育资源，包括学校、教师、课程和学习材料等。家庭通过选择合适的学校和教育机构，提供良好的学习环境和资源，为子女的教育发展提供支持。此外，家庭还可以积极参与子女的学校活动和教育项目，扩大他们的学习机会和经验。

4. 教育时间管理

家庭应该合理安排子女的学习时间，确保他们有足够的时间进行学习、完成作业和参加课外活动。家长可以与子女共同制订学习计划和时间表，帮助他们养成良好的学习习惯和时间管理能力。此外，家庭也应该注意平衡教育和其他事情的时间，保证子女的全面发展。

5. 教育方式和方法

家庭可以采用多种教育方式，如传统教育、家庭教育、社区教育等，根据子女的特点和兴趣选择适合的教育方式。同时，家庭还应该关注教育方法的选择，包括启发式教育、问题解决教育、实践教育等，以培养子女的创造力、思维力和解决问题的能力。

6. 教育评估和调整

教育规划不是一次性的过程，而是一个动态的过程。家庭应定期评估子女的教育发展情况，了解他们的学习进展和需求，并及时进行调整和改进。家长可以与子女进行沟通，了解他们的学习目标和困难，提供必要的支持和指导，确保他们在教育过程中取得良好的成绩和发展。

综上所述，教育规划是家庭生涯规划中重要的一个方面。通过制定明确的教育目标、合理规划教育资源和时间、选择适合的教育方式和方法，家庭可以为子女的教育提供良好的支持和指导，帮助他们实现个人的梦想和职业目标。教育规划不仅对于家庭的发展至关重要，也对于社会的进步和繁荣起到了积极的推动作用。因此，家庭应该重视教育规划，为子女的教育发展提供最佳的条件和机会。

（六）财务规划

财务规划是家庭生涯规划中至关重要的一个要素。家庭在实施生涯规划的过程中，需要根据家庭成员的经济情况和目标，制定合理的财务规划，以确保家庭财务稳定和可持续发展。

1. 财务目标设定

财务目标包括短期目标、中期目标和长期目标。短期目标是支付当期的生活费用和账单，中期目标是购买房屋或车辆，而长期目标是保障子女的教育和退休金的储备等。目标的设定需要考虑家庭的收入水平、支出需求以及未来的预期。

2. 收入与支出管理

财务规划的核心是实现收入与支出的平衡。家庭需要对收入情况进行全面了解，并合理安排支出。家庭成员可以通过记录每月的收入来源和支出项目，制订预算计划，控制开支，确保每月都有储蓄。同时，家庭还应该考虑收入的多元化，通过增加收入来源来提高整体财务状况的稳定性。

3. 储蓄与投资

家庭可以根据自身的风险承受能力和收益预期，选择适合的储蓄和投资方式。储蓄可以通过银行存款、理财产品等方式进行，而投资可以包括股票、基金、房地产等。家庭要根据实际情况，合理分配资金，以实现财务增值和风险控制。

4. 债务管理

家庭成员需要认真审视自己的债务状况，并合理规划还款计划。家庭应该尽量减少高利息债务的占比，并避免过度依赖借贷。同时，家庭还应该时刻关注债务的偿还进度，确保按时还款，避免产生逾期费用和信用记录的损坏。

5. 风险管理

家庭需要认识到生活中可能面临的风险，如意外事故、重大疾病或财产损失等，并采取相应的措施进行风险规避，获得保障。家庭成员可以购买医疗保险、人寿保险、车险等，以减少风险对家庭财务的冲击。

6. 法律与税务规划

家庭成员可以根据相关法律和税收政策，合理规划财务安排，以达到合法合规的目的。家庭可以咨询专业人士，了解适用的法律和税务规定，并根据个人情况进行相应的调整。

综上所述，财务规划作为家庭生涯规划的重要组成部分，对于家庭成员的经济状况和未来发展具有至关重要的影响。通过合理制定财务目标、管理收入与支出、储蓄与投资、债务管理、风险管理以及法律与税务规划等方面的措施，家庭可以实现财务稳定和可持续发展，为家庭成员的生涯规划提供坚实的基础。

第二节　家庭生涯规划的实施

一、实施步骤

家庭生涯规划的实施是一个系统的过程，需要有明确的步骤和方法。本节将介绍家庭生涯规划的实施步骤，包括目标设定、资源规划、时间管理、职业发展、教育规划和财务规划等方面。

（一）目标设定

家庭生涯规划的第一步是明确目标。目标设定是规划的基础，能够帮助家庭成员更好地了解自己的需求和期望，为未来发展指明具体的方向。在设定目标时，家庭成员可以参考以下几个因素：

1.短期目标和长期目标：家庭成员可以根据自身的情况和期望，设定不同时间段的目标。短期目标可以帮助家庭成员更好地规划当前的行动和决策，而长期目标则是对未来的规划和愿景。

2.SMART 原则：目标设定应该符合 SMART 原则，即具体、可衡量、可实现、相关和有时限。通过符合 SMART 原则的目标设定，家庭成员可以更加有针对性地进行规划和实施。

3.个体和家庭目标的统一：在目标设定过程中，家庭成员需要充分考虑个体目标与家庭目标的统一。个体目标和家庭目标之间的协调和平衡是家庭生涯规划实施的关键。

（二）资源规划

资源规划是家庭生涯规划的重要环节，涉及家庭成员所拥有的各种资源，包括时间、金钱、人力和社会网络等。在资源规划时，家庭成员可以考虑以下几个方面：

1.现有资源的评估：家庭成员需要对当前所拥有的资源进行评估和分析，包括时间的利用情况、财务状况、家庭成员的技能和知识等。通过对现有资源的评估，家庭成员可以更好地了解自身的优势和不足，为未来的规划和决策提供依据。

2.资源的优化利用：在资源规划过程中，家庭成员需要思考如何优化利用已有的资源。例如，通过合理安排时间来平衡工作和家庭生活，通过合理的财务规划来提高资金的利用效率，通过发展和培养家庭成员的技能和知识来增加人力资源的价值。

3.资源的补充和扩充：除了对现有资源进行规划和利用外，家庭成员还可以考虑如何补充和扩充资源，包括通过学习和进修来提高自身的技能和知识水平，通过投资和理财来增加财务资源，通过社交活动和网络建立人际关系等。

（三）时间管理

时间是有限的资源，合理的时间管理对于家庭生涯规划的实施至关重要。在时间管理方面，家庭成员可以考虑以下几个方面：

1.设定优先级：家庭成员需要明确优先事项，并将其排在日程表的前列，从而更好地把握时间，避免时间的浪费。

2.制订计划和目标：家庭成员可以制定每日、每周或每月的计划和目标，将任务和活动分解，逐步完成。通过制订计划和目标，家庭成员可以更好地管理时间，提高工作和学习的效率。

3.避免时间的浪费：家庭成员需要提高对时间的管理能力，避免时间的浪费。例如，减少社交媒体的使用时间，合理安排休息和娱乐时间，避免拖延和消极情绪的影响。

（四）职业发展

职业发展是家庭生涯规划的重要内容，涉及家庭成员在职业方面的目标设定、规划和实施。在职业发展方面，家庭成员可以考虑以下几个方面：

1.职业目标的设定：家庭成员需要明确自己在职业方面的目标和愿景，包括职位的晋升、薪资的提高、技能的提升等。通过设定职业目标，家庭成员可以更清晰地了解自己的职业发展方向，为未来的规划和决策提供指导。

2.学习和培训：家庭成员可以通过学习和培训来提升自身的职业能力和竞争力。可以参加相关的培训课程、研讨会或行业交流活动，不断更新自己的知识和技能，以适应职业发展的需求。

3.职业规划和拓展：家庭成员需要进行职业规划和拓展，包括了解行业的发展趋势、拓宽职业网络、寻找合适的职业机会等。通过职业规划和拓展，家庭成员可以更好地把握职业机会，实现个人职业目标。

（五）教育规划

教育规划是家庭生涯规划的重要内容之一，涉及家庭成员的教育目标设定和实施。在教育规划方面，家庭成员可以考虑以下几个方面：

1.教育目标的设定：家庭成员需要明确自己在教育方面的目标和期望，包括子女的学习成绩、专业选择、留学计划等。通过设定教育目标，家庭成员可以更好地为子女的教育提供指导和支持。

2.学习环境的创造：家庭成员需要为子女创造良好的学习环境，包括提供适合的学习空间、鼓励学习兴趣和积极性、与学校建立良好的合作关系等。通过创造良好的学习环境，家庭成员可以促进子女的学习和成长。

3.学习资源的利用：家庭成员可以充分利用各种学习资源，包括图书馆、互联网、培训机构等，为子女提供多样化的学习机会和资源。通过充分利用学习资源，家庭成员可以提高子女的学习效果和质量。

（六）财务规划

财务规划是家庭生涯规划的重要内容之一，涉及家庭成员的财务目标设定和实施。在财务规划方面，家庭成员可以考虑以下几个方面：

1.收入和支出的平衡：家庭成员需要合理安排收入和支出，保持收支平衡；可以通过编制家庭预算表，进行财务分析和计划，控制支出，增加储蓄和投资等。

2.理财和投资：家庭成员可以进行理财和投资，增加财务收入和价值；可以通过购买理财产品、股票、基金等方式进行投资，实现财务增值。

3.风险管理和保险：家庭成员需要进行风险管理和保险规划，保护家庭财产和人身安全，可以购买适当的保险产品，建立紧急救助基金等。

综上所述，家庭生涯规划的实施涉及目标设定、资源规划、时间管理、职业发展、教育规划和财务规划等多个方面。通过明确实施步骤，家庭成员可以更好地规划生涯发展，实现个人和家庭的目标。

二、障碍与挑战

家庭生涯规划是一个复杂的过程，面临各种各样的挑战和障碍。这些障碍可能来自外部环境、内部因素或者个人的心理状态。了解并学会应对这些障碍和挑战至关重要。

（一）外部环境的障碍与挑战

1. 社会经济环境

社会经济环境的变化可能对家庭生涯规划产生重大影响，经济衰退、就业市场不景气等可能导致家庭成员职业发展受阻。此外，社会文化环境的变化，如教育资源的不平衡分配、职业歧视等也可能对教育规划和职业选择产生影响。

2. 家庭背景与条件

每个家庭都有自己的特点和条件影响家庭生涯规划的实施，如家庭的经济状况、教育背景、文化习惯等。同时，家庭成员之间的关系、沟通和协调也可能成为实施家庭生涯规划时的障碍。

3. 社会支持与资源

社会支持和资源是实施家庭生涯规划所必需的条件之一。有些家庭可能面临社会支持不足、资源匮乏的问题，缺乏相关的职业指导、培训机会有限、无法获得财务支持等都可能成为障碍。

（二）内部因素的障碍与挑战

1. 家庭成员的期望与压力

家庭成员的期望与压力可能成为实施家庭生涯规划时的障碍。家庭成员在职业选择、教育规划等方面有自己的期望，这些期望可能与个人的兴趣、能力等存在冲突。此外，家庭成员之间的竞争、比较等因素也可能给家庭生涯规划带来压力。

2. 个体心理状态与态度

个体的心理状态和态度对实施家庭生涯规划起着重要作用，个体面临的自我怀疑、焦虑、恐惧等负面情绪影响对目标设定、资源规划等方面的决策。此外，个体的价值观、信念、动机等也可能成为实施家庭生涯规划时的障碍。

3. 自我认知与自我管理能力

个体缺乏自我认知和自我管理能力，无法准确评估自己的兴趣、能力和目标，影响家庭生涯规划的实施。此外，拖延、决策困难等问题也会成为障碍。

（三）解决障碍与挑战的方法

1. 寻求专业支持与指导

在面对各种障碍和挑战时，寻求专业支持和指导是有效的解决方法。例如，咨询职业规划师、家庭咨询师等专业人士，获取相关的建议和帮助。此外也可以参加职业培训、心理辅导等课程，提升自己的能力和认知。

2. 建立良好的沟通与协调机制

在家庭生涯规划中，建立良好的沟通和协调机制是解决障碍和挑战的关键。家庭成员之间应该保持开放和坦诚的沟通，了解彼此的期望和需求，并通过协商和合作寻找共同的目标和解决方案。此外，建立明确的角色分工和责任分配也有助于提高实施效果。

3. 培养积极的心理态度与技能

培养积极的心理态度和技能对实施家庭生涯规划至关重要。个体可以通过积极思考、自我激励、情绪管理等方法来改善自己的心理状态。同时，也可以学习目标设定、时间管理、决策技巧等实用技能，提高自我认知和自我管理能力。

总之，家庭生涯规划面临着各种各样的障碍和挑战，但只要能够正确认识，并采取相应的解决方法，就能够顺利实施家庭生涯规划。

三、提高实施效果的方法

在家庭生涯规划的实施过程中常常会面临各种障碍和挑战，需要采取一些方法来应对，具体有以下几种。

（一）制订明确的计划

在家庭生涯规划的实施过程中，制订明确的计划至关重要。首先，需要设定清晰的目标，明确想要实现的家庭生涯规划目标。然后，将目标分解为具体可行的步骤，制订详细的行动计划，并设定合理的时间表。在制订计划时，要考虑到自身的资源和能力，确保计划的可行性和实施性。

（二）培养良好的执行能力

实施家庭生涯规划需要具备良好的执行能力。首先，要培养自律和毅力，保持长期的目标导向和坚持不懈的行动。其次，要提高时间管理能力，合理安排时间，充分利用时间资源，确保计划的顺利进行。此外，还需要培养解决问题的能力和应对挫折的心理素质，面对困难时能够积极寻找解决方案，保持积极乐观的态度。

（三）加强沟通与合作

在家庭生涯规划的实施过程中，与家庭成员之间的沟通与合作非常重要。首先，要与伴侣共同制定和实施家庭生涯规划，确保双方的意愿和目标一致。其次，要与子女进行有效沟通，了解他们的需求和愿望，并给予适当的支持和指导。此外，还可以与其他家庭进行交流和合作，分享经验和资源，相互支持和帮助。

（四）建立支持系统

在家庭生涯规划的实施过程中，建立支持系统非常重要。通过与家庭成员、朋友、同事和社会组织等建立良好的关系，可以获得他们的支持和帮助。通过参加相关的培训和研讨会，可以结识到一些专业人士，获得他们的专业指导和支持。此外，还可以利用互联网等现代科技手段，加入一些家庭生涯规划的社群和论坛，与其他人交流和分享经验。

（五）寻求专业帮助

在家庭生涯规划的实施过程中，如果遇到了复杂的问题或难以解决的困境，可以寻求专业帮助，如请教专业顾问或咨询师，获取专业意见和建议，以及针对性的解决方案和指导。此外，参加一些相关的培训和研讨会，提高自身的专业知识和技能，也能更好地应对家庭生涯规划的挑战。

通过应用以上方法，我们可以提高家庭生涯规划的实施效果，确保计划顺利进行和成功实施。需要注意的是，每个家庭和个体的情况都是不同的，因此要根据自身情况灵活调整和适应。同时，也需要不断学习和总结经验，不断完善和改进家庭生涯规划的实施方法，以适应社会变革和个体成长的需求。

综上所述，在家庭生涯规划的实施过程中，制订明确的计划、培养良好的执行能力、加强沟通与合作、建立支持系统和寻求专业帮助等方法是提高实施效果的关键。这些方法的应用将有助于实现家庭生涯规划的目标，促进家庭成员的发展和幸福。未来的研究可以进一步探讨这些方法的有效性和适用性，为家庭生涯规划的实践提供更多的指导和支持。

第三节 家庭生涯规划的案例

家庭生涯规划与发展对于家庭整体的稳定和个人的职业发展具有重要意义。通过制定明确的目标、合理规划资源、管理时间、促进职业发展、规划教育和财务等方面，可以实现家庭生涯规划的有效实施。在实施过程中可能会面临一些挑战和障碍，需要通过合理的方法和策略来解决。

【案例一】家庭生涯规划的实施——小明一家的故事

小明是一位 35 岁的年轻父亲，和妻子小红有一个可爱的 5 岁儿子小翔。小明在一家大型公司工作，妻子小红是一名高中教师。他们一直希望家庭幸福稳定，他们意识到需要制定和实施家庭生涯规划来达成这个目标。

1. 家庭生涯规划的目标设定

小明和小红首先明确了家庭生涯规划目标。他们希望给小翔提供良好的成长环境，同时也为职业发展和财务状况做出合理规划。他们希望能够在未来几年内购买一套属于自己的房子，并计划为小翔提供良好的教育。

2. 资源规划和时间管理

根据目标，小明和小红开始规划家族资源和时间。他们制定了详细的预算，包括每月的收入和支出，并为购房和教育费用进行了充分的储备。他们还制定了一个时间表，合理安排工作、家庭和个人发展的时间，以确保每个人都能够充分发展和享受家庭生活。

3. 职业发展和教育规划

小明和小红都非常重视自己的职业发展和教育规划。小明在公司中积极参加培训和项目，提高技能和知识水平，为未来的晋升做好准备。小红也参加了一些专业的教育培训，提高教学能力，并与其他教师进行交流和学习。他们还为小翔规划了教育路径，选择了一所优质的学校，并鼓励他参加各种兴趣班和社团活动。

4. 财务规划

小明和小红制定了详细的财务规划，包括存款、投资和开支。他们每月按照预算存储一定比例的收入，并将其用于购房和教育基金。他们还咨询了专业的理财顾问，制订了长期投资计划，以确保他们的财务状况能够稳定增长。

5. 实施步骤和挑战

小明和小红按照家庭生涯规划制定了一系列的实施步骤。他们与房地产中介合作，寻找适合需求的房子，并努力提高购房能力。小红积极参加教育培训课程，与家长和学生进行互动交流。然而，在实施过程中，他们也面临了一些挑战，如工作压力、时间紧张和金融市场的波动。

6. 提高实施效果的方法

为了提高实施效果，小明和小红采取了一些方法。他们每周安排一次家庭会议，讨论和评估他们的进展和困难，并制定相应的调整计划。他们还积极寻求家人和朋友的支持和帮助，共同努力实现目标。

通过小明一家的故事，我们可以看到家庭生涯规划对于一个幸福稳定的家庭非常重要。只有通过制定明确的目标、合理规划资源和时间、积极发展职业和教育、做好财务规划，才能够在实践中取得成功。然而，实施家庭生涯规划也需要面对一些挑战，但只要采取合适的方法和持续努力，就能够克服困难，实现家庭幸福和个人发展的双赢。

【案例二】小张一家的家庭生涯规划

1. 背景介绍

小张是一名年轻的职场人士，与妻子小芳已经结婚五年，有一个三岁的儿子小宝。小张目前在一家跨国公司工作，小芳是一名全职主妇，负责照顾孩子和家庭事务。他们希望通过制定家庭生涯规划，实现个人和家庭目标，提高生活质量。

2. 家庭生涯规划目标设定

小张一家希望在未来五年内实现以下目标：

（1）小张希望晋升为部门经理，获得更高的薪酬和福利待遇；

（2）小芳计划通过参加培训课程提升技能，以便在将来重新进入职场；

（3）小宝的教育是小明一家最重要的关注点之一，他们希望为小宝选择一所优质的学校，并提供良好的教育资源。

3. 资源规划

为了实现目标，小张一家需要做出以下资源规划：

（1）小张要积极参与公司内部的培训项目，提升专业知识和管理能力；

（2）小芳可以利用空闲时间参加在线培训课程，提高职业竞争力；

（3）小宝的教育经费需要提前储备，他们计划每月定期存款，并制定合理的家庭预算。

4. 时间管理

为了更好地平衡工作和家庭生活，小张一家需要做出以下时间管理规划：

（1）小张要合理安排工作和休息时间，确保身心健康，并与家人有足够的互动时间；

（2）小芳要安排好家务和照顾孩子的时间，同时留出一些时间来提升职业能力；

（3）小宝学习和玩耍的时间要得到合理安排，以促进他的全面发展。

5. 职业发展

小张通过积极学习和工作表现，成功晋升为部门经理，并在新岗位上展示出良好的领导才能和团队管理能力。

6. 教育规划

小芳参加了一些在线培训课程，提高了技能水平，为将来重新进入职场做好准备。

7. 财务规划

小张一家通过制定合理的家庭预算，控制开支，并定期储蓄，为小宝的教育和未来规划提供经济支持。

8. 实施步骤

小张一家通过以下步骤实施家庭生涯规划：

（1）制订明确的目标和计划，包括职业发展、教育规划和财务规划；

（2）分配任务和责任，确保每个家庭成员都能参与到规划中来；

（3）定期检查和评估目标的实现情况，根据需要进行调整和改进。

9. 障碍与挑战

在实施家庭生涯规划的过程中，小张一家可能面临以下障碍和挑战：

（1）工作压力和时间不足可能会影响小张的职业发展计划；

（2）小芳重新进入职场可能面临一定的困难和竞争；

（3）经济因素和意外事件可能影响财务规划的执行。

10. 提高实施效果的方法

为了提高家庭生涯规划的实施效果，小张一家可以采取以下方法：

（1）加强沟通和合作，共同制订和实施规划；

（2）寻求专业咨询和帮助，如职业发展指导和财务规划建议；

（3）建立支持网络，与其他有类似目标和经验的家庭互相交流和分享。

通过对小张一家的家庭生涯规划案例分析，我们可以看到家庭生涯规划对于个人和家庭的发展具有重要意义。通过明确目标、合理规划资源和时间、积极应对挑战，小张一家能够实现职业发展、教育和财务目标，提高生活质量。但也需要注意随着环境和个人情况的变化，不断调整和优化家庭生涯规划，以适应新的挑战和机遇。

通过对家庭生涯规划案例的分析，可以看出不同家庭在实施家庭生涯规划时所面临的情况和取得的成绩各不相同。例如，在案例一中，家庭成员通过明确的目标设定和规划制定，成功实现了职业发展和财务规划的目标；在案例二中，家庭成员之间的沟通和协作能力得到了有效提升，从而促进了家庭生涯规划的实施。未来的研究可以进一步探讨家庭生涯规划在不同文化背景下的差异和特点，以及如何提高家庭生涯规划的实施效果和管理能力。

第四节 家庭生涯规划的定位

一、家庭生涯规划总结

家庭生涯规划是指在家庭中制定目标、规划资源、管理时间、促进职业发展、规划教育和财务等方面的一套综合策略，不仅是个人的事业规划，更是家庭整体发展的重要组成部分。家庭作为一个人一生中最早、最重要的社会化机构，对个体的成长和发展起着至关重要的作用。在家庭生涯规划中，家庭扮演着引导者、支持者和传递者的角色，为个体提供指导和资源，帮助个体实现的人生梦想。

（一）与职业生涯和生涯教育的关系

家庭生涯规划与职业生涯规划和学校生涯教育密切相关。职业生涯规划注重个体对自己兴趣、能力和价值观的评估，而学校生涯教育则提供了职业发展所需的知识、技能和意识。家庭生涯规划通过与职业生涯规划和学校生涯教育的结合，为个体提供更全面、综合的发展支持。

（二）家庭教育的不可替代性

家庭生涯规划要与职业生涯规划和学校生涯教育相互融通、相互配合。家庭作为个体成长的重要环境，应与学校和社会共同合作，为个体提供更多样化、全方位的职业发展支持。家庭可以通过与学校的合作，了解个体在学校中的表现和需求，并为个体提供必要的指导和支持。

（三）经济社会发展的必然

家庭生涯规划的重要性不仅体现在个体的发展上，也与经济社会发展和人民幸福生活需求密切相关。随着经济的发展和社会的进步，人们对于职业发展和幸福生活的追求也越来越高。家庭生涯规划可以帮助个体在竞争激烈的社会环境中找到适合的职业道路，实现职业目标，同时为社会的发展做出贡献。

（四）家庭生涯规划的重要性

家庭生涯规划对个体的职业发展具有重要意义。首先，家庭是个体最早接触到的社会化机构，家庭的支持和引导对于个体的成长和发展起着决定性的作用，能够帮助家庭成员明确自己的目标和愿景，提高家庭内部的沟通和协作能力，增强家庭的凝聚力和稳定性。其次，家庭生涯规划可以帮助个体了解自己的兴趣、能力和价值观，并为个体提供相应的职业发展指导，提高家庭成员的工作满意度和生活质量。此外，家庭生涯规划还可以帮助个体树立正确的职业观念，增强个体的职业自信心和职业认同感。

（五）家庭生涯规划的实施

在家庭生涯规划的要素中，目标设定是关键的一环。家庭成员需要明确自己的长期和短期目标，并制定相应的计划和策略。资源规划和时间管理也是实施家庭生涯规划的重要手段，家庭成员需要合理分配和利用资源，并合理安排时间。此外，职业发展、教育规划和财务规划也是家庭生涯规划的重要组成部分，需要在整体规划中予以考虑。

家庭生涯规划的实施需要经历一系列步骤，包括目标设定、规划制定、执行和评估等。在实施过程中可能会面临一些障碍和挑战，如时间压力、资源匮乏、家庭成员之间的冲突等。通过合理的方法和策略，如合理分配时间、制定明确的计划和目标、培养良好的沟通和协作能力等可以提高实施效果。

二、相关问题研究

（一）生涯规划的融合

在当今社会，家庭教育已经不仅仅局限于让孩子学会生活技能或是知识的传授，更进一步，生涯规划已经成为家庭教育的最高境界。在社会、学校和家庭三个维度上，生涯规划的实施需要实现相互融通与相互配合。这三个维度相互作用，共同为个体提供全方位的支持和资源，以帮助他们在职业生涯中做出明智的决策和规划。

首先，社会、学校和家庭应该相互融通，共同为个体的生涯规划提供支持和指导。社会作为一个广阔的舞台，提供了各种就业机会和职业发展的资源。社会应该与学校和家庭合作，为学生提供实习、实训和就业机会，帮助他们在实践中锻炼自己的能力和技能。学校和家庭应该积极与社会沟通，了解社会对人才的需求和未来就业趋势，以便为学生提供准确的职业发展指导。

其次，学校、家庭和社会也应该相互配合，共同培养学生职业发展所需的知识、技能和意识。学校作为教育机构，应该为学生提供全面的生涯教育，包括职业咨询、职业指导和职业技能培训等。学校应该与家庭密切合作，了解学生的兴趣、能力和价值观，提供个性化的生涯规划建议。同时，学校也应该与社会合作，邀请行业专家和成功人士来校分享经验，帮助学生更好地了解职业发展的机会和挑战。

最后，家庭是个体成长和发展的重要环境，对于个体的生涯规划起着至关重要的作用。家长是孩子的第一任和最长时间的教育者。从孩子出生的那一刻起，家长就已经开始了对孩子的教育和影响。家庭应该与学校和社会相互配合，共同培养孩子的职业意识和自我认知能力。家庭应该关注孩子的兴趣和爱好，提供适当的资源和支持，帮助他们探索职业兴趣和潜力。同时，家庭也应该与学校和社会合作，了解职业发展的动态和需求，为孩子提供准确的职业信息和指导。

总之，相互融通与相互配合是社会、学校和家庭在生涯规划中实现有效合作的关键。只有通过紧密合作，才能为个体提供全方位的支持和资源，帮助他们实现职业发展和成长。社会、学校和家庭应该建立良好的合作机制和沟通渠道，共同制定生涯规划的目标和策略，确保个体能够在职业生涯中取得成功和幸福。实现个体和社会的共同发展。

（二）生涯学的研究演变

在社会、学校和家庭融合视角下的生涯规划中，生涯学的研究演变是一个重要的方面。随着社会的不断发展和变化，人们对于职业生涯规划的认识也在不断深化和演变。生涯学的研究演变主要包括职业生涯规划、学校生涯教育和家庭生涯规划三个方面。

首先，职业生涯规划是生涯学的核心内容之一。职业生涯规划旨在帮助个体评估自己的兴趣、能力和价值观，并选择适合自己的职业道路。职业生涯规划的研究涉及职业选择、职业发展和职业满意度等方面。通过职业生涯规划，个体可以更好地了解自己的职业目标，并采取相应的行动来实现这些目标。

其次，学校生涯教育作为社会、学校和家庭融合视角下的生涯规划中的重要组成部分，致力于为生涯发展提供支持和资源。学校生涯教育的概念和目标是帮助学生培养职业规划和发展所需的知识、技能和意识。学校通过开展生涯教育课程、组织职业导向的实践活动以及提供职业咨询和辅导等方式，为学生提供全面的生涯发展支持。

最后，家庭生涯规划在社会、学校和家庭融合视角下扮演着重要角色。生涯规划就是预见个体未来人生阶段的详细计划，包括了个体在未来的角色、工作、生活方式等各个方面。家庭生涯规划与职业生涯规划和学校生涯教育密切相关，相互融通，相互配合。家庭作为孩子的第一任老师，有着终身的影响力。家庭不仅要为孩子提供物质上的支持，更要为他们的未来提供方向和指导，让他们能够成为社会有用的人。

总之，生涯学的研究演变涉及职业生涯规划、学校生涯教育和家庭生涯规划三个方面，共同构成了社会、学校和家庭融合视角下的生涯规划的核心内容。通过研究生涯学的演变，可以更好地了解职业生涯规划在社会、学校和家庭中的重要性，为个体的人生发展提供更好的支持和指导。

（三）家庭生涯规划的有效性

家庭生涯规划与个体发展密不可分。在家庭生涯规划的过程中，个体需要明确自己的职业发展目标，并进行相关的教育和培训，以提升能力和竞争力。同时，个体的职业发展也会影响家庭的发展，如收入水平、家庭的社会地位等。因此，家庭生涯规划不仅关乎个体的发展，也关系到家庭整体的幸福和稳定。

在家庭生涯规划的要素中，目标设定是一个重要的环节。目标设定需要综合考虑个体和家庭的需求、价值观以及外部环境的变化。通过设定明确的目标，家庭成员可以有针对性地制订计划和行动，提高实现目标的可能性。

资源规划也是家庭生涯规划的核心要素之一。资源包括时间、金钱、人力等各种方面。在规划过程中，家庭成员需要合理分配和利用这些资源，以支持自己的目标和计划。例如，在教育规划中，家庭可以根据自身情况来选择适合的教育方式和学校。

时间管理是一个常被忽视但非常重要的要素。家庭成员经常面临着各种各样的任务和活动，如工作、学习、家务等。有效的时间管理可以帮助家庭成员更好地平衡各方面的需求，提高工作效率，增加休闲娱乐的时间，从而实现更好的生活质量。

职业发展也是家庭生涯规划的重要组成部分。家庭成员的职业发展对整个家庭的经济状况和社会地位有着重要影响。通过职业发展规划，家庭成员可以明确自己的职业目标，并制订相应的计划和策略，以提高就业竞争力和薪资待遇。

教育规划是家庭生涯规划的另一个关键要素。教育是个体发展的基础，也是家庭未来的希望。通过教育规划，家庭成员可以选择适合的学校和专业，为自己的未来发展打下坚实的基础。财务规划是家庭生涯规划的重要内容之一。财务状况直接影响到家庭成员的生活水平和幸福感。通过财务规划，家庭成员可以合理规划自己的收入和支出，储蓄和投资，从而达到财务安全和稳定的目标。

在家庭生涯规划的实施过程中，可能会遇到各种障碍和挑战，个体的能力和条件限制、外部环境的变化等。面对这些挑战，家庭成员需要保持积极的心态，灵活调整计划和策略，并寻求外部的支持和帮助。家庭成员可以通过以下几个方面来提高家庭生涯规划的实施效果：一是家庭成员之间加强沟通和合作，共同制订和执行规划；二是家庭成员应不断更新知识和技能，持续学习和自我提升，以适应不断变化的社会环境；三是家庭生涯规划需要根据实际情况进行灵活调整和修正；四是积极寻求外部支持和帮助，如咨询专家、参加培训等。

总结来说，家庭生涯规划对于个体和家庭的发展至关重要。通过明确目标、合理规划资源、有效管理时间、积极发展职业和教育、科学谋划财务等方面的努力，家庭成员可以实现个体与家庭的共同发展目标。面对实施过程中遇到的各种挑战和障碍，可以通过持续学习、灵活调整和寻求外部支持来应对。家庭生涯规划的深入研究和实践可以为个体和家庭的发展提供更有效的指导和支持，促进社会的稳定和繁荣。

三、生涯太极理论

生涯太极理论：家庭与职业的和谐统一。

在东西方文化的交流与碰撞中，我们可以看到一种全新的融合现象。这次，我们将西方的生涯规划理念与我国深厚的太极文化结合，构筑出了"生涯太极理论"（见图7-1）。这不仅是一种理论框架，更是一种在现实生活中，家庭与职业如何互补、如何平衡的生活艺术。

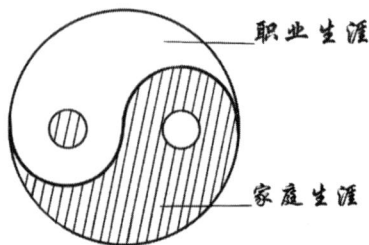

图7-1 生涯太极图

（一）生涯的太极：家庭与职业的交融

我们所说的"生涯"，在传统的西方观念里更多地强调的是个体在职业发展中的角色，而在东方文化中家庭始终占据着核心位置。太极图一黑一白、阴阳相融，恰好展示了家庭生涯和职业生涯的和谐共生。

家庭与职业如同太极中的阴与阳，既相对立又相互依存，没有轻重之分，它们都在各自的领域里发挥着不可替代的作用。家庭提供了情感的依托和生活的基础，职业则是实现自身价值的舞台。

（二）家庭生涯的根本，与职业生涯的升华

如果将生涯比作一棵小草，那么家庭就是它的根，扎根于土壤中，为小草提供营养；职业则如同小草的叶子，茁壮成长，展翅向上。太极图中的黑色部分代表着家庭生涯，位于下方，稳固地支撑着上方的白色部分，即职业生涯。

家庭是起点，也是避风港。在家庭的庇护下，个体学会了与人相处，学会了生活的技能，并建立了自己的价值观。这些正是个体步入职场，成为职业人的基石。

（三）职业生涯的不同定义

对于很多人来说，职业生涯意味着工作、升迁、薪酬和成就感。但在生涯太极理论中有了更宽广的视角。

对于一位全职家庭主妇而言，她未步入正式的职场，在传统观念里她只是"家庭"的一部分，但在生涯太极理论中她的家庭生涯和职业生涯已经完全融合。料理家务、照顾孩子、管理家庭预算……这一切都是她的"职业"。她在家庭中所扮演的角色与企业中的职员、经理没有什么本质上的差异。

在生涯太极理论中，职业不仅仅是办公室里的工作，更涵盖个体为实现某种目标、满足某种需求而付出的努力。

（四）结论

生涯太极理论打开了新的视角，在这里家庭和职业并非是截然分开的两个部分，而是如太极图中的阴阳，相互融合、相互促进。无论是身处职场的职员，还是全职的家庭主妇，都可以在生涯太极理论中找到自己的位置，理解自己的价值。

个体应珍视家庭，同时也不放弃职业上的追求。只有在家庭和职业之间找到平衡，生活才能如太极图一般，和谐而完整。

四、生涯融合理论

生涯融合理论：又名生涯树理论，以树的形象展示职业生涯、家庭生涯和生涯教育的关系。

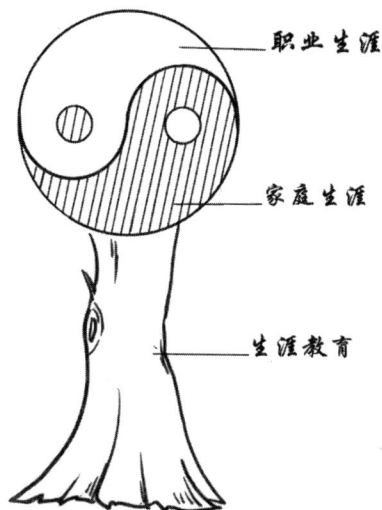

图 7-2 生涯融合图（生涯树）

在人生的道路上每个人都面临多重角色和多样的选择。其中，职业生涯、家庭生涯和生涯教育构成了个体生涯规划的三大支柱。长久以来，人们倾向于将三者分开来考虑，但实际上它们是紧密相连、相互影响的。为了更好地理解三者之间的关系，本节将构建一个建立在生涯太极理论基础上的新理论——生涯融合理论，并用树的形象来展示这种复杂但有序的关系。

（一）生涯太极图与生涯融合理论

在生涯太极图中，职业和家庭如同阴阳两面，既对立又统一，相互影响，但它缺少第三个重要的元素——生涯教育。

因此产生了生涯融合理论。它不仅仅关注职业和家庭，还加入了学校教育。在这个新模型中，职业生涯源于社会视角，家庭生涯源于家庭视角，而生涯教育则源于学校视角，三者在社会、家庭和学校三个维度上相互融通与相互配合。

（二）用树的形象展示三者关系

生涯融合理论用树的形象展示职业生涯、家庭生涯和生涯教育的关系，职业生涯和家庭生涯像是大树的树冠，而生涯教育则是树干。

1. 树冠：职业生涯和家庭生涯

职业生涯和家庭生涯是人生的两个重要方面，职业生涯提供了经济基础和社会身份，而家庭生涯则提供了情感支持和个人成长。它们如同大树的树冠，以太极图的形象融合发展。

2. 树干：生涯教育

树干作为大树的主体，提供了整棵树的稳定和营养，就像生涯教育为个体提供了基础知识、技能和价值观，决定了职业生涯和家庭生涯能达到的高度。没有坚实的树干，树冠就无法茁壮成长。

3. 融合：生涯的成就和价值

当树干足够坚实挺拔，树冠便会丰满充盈，象征着个体在职业和家庭方面达到了一定高度的和谐与成就。

（三）生涯融合的实践

实现生涯融合，需要在社会、家庭和学校三个层面上建立一种相互支持和资源共享的机制。

1. 社会层面：政府和企业需要提供更多的职业发展机会和培训，以及更加灵活的工作时间和地点，以便人们能更好地平衡职业和家庭。

2. 家庭层面：家庭成员需要相互支持，共同参与家庭决策，以实现家庭和职业的和谐。

3. 学校层面：学校需要提供全面的生涯教育，包括职业规划、人际关系和个人成长等方面，以培养学生的全面能力。

（四）结论

生涯融合理论提供了一种全新的视角来理解和实践职业生涯、家庭生涯和生涯教育的相互关系。利用大树的形象，我们更直观地看到了三者如何相互影响、相互依存。实现生涯融合不仅需要个体的努力，还需要社会、家庭和学校的全面支持和配合。只有这样，个体才能如同茁壮的大树，不断地向上生长，最终实现人生的全面成就。

五、未来研究方向

家庭生涯规划与发展是一个日益受到关注的领域，为了更好地促进家庭成员的个人发展和整体幸福感，未来研究方向包括家庭生涯规划的理论和实践。在理论方面，需要进一步探讨家庭生涯规划的内涵和发展模式，以及与其他相关领域（如教育、职业发展）的关系。在实践方面，需要进一步研究不同家庭的实际情况和需求，开发有效的工具和方法，促进家庭生涯规划的实施和效果评估。

（一）理论研究方向

家庭生涯规划模型的构建：目前对于家庭生涯规划的研究主要集中在各种要素的分析和实施步骤的探讨上，但缺乏统一的理论框架。未来的研究可以尝试构建一套完整的家庭生涯规划模型，以便更好地指导实践。

家庭生涯规划与家庭功能的关系：家庭作为一个社会单位，其功能对于家庭生涯规划的影响不容忽视。未来的研究可以探讨家庭功能与家庭生涯规划的关系，进一步揭示二者之间的互动机制。

跨文化比较研究：家庭生涯规划在不同文化背景下的差异性是一个有待深入研究的问题。未来的研究可以通过跨文化比较的方法，探讨不同文化背景下家庭生涯规划的异同，为全球范围内的家庭提供更加有效的规划指导。

（二）实证研究方向

家庭生涯规划对家庭成员幸福感的影响：家庭生涯规划旨在促进家庭成员的个人发展和整体幸福感，但目前对于其对家庭成员幸福感的影响机制还不够清晰。未来的研究可以通过实证研究方法，探讨家庭生涯规划对家庭成员幸福感的直接和间接影响因素。

家庭生涯规划对家庭关系的影响：家庭生涯规划涉及家庭成员之间的目标设定、资源规划、时间管理等方面的协调与合作。未来的研究可以通过研究家庭生涯规划对家庭关系的影响，揭示家庭生涯规划与家庭关系之间的互动关系。

家庭生涯规划的实施效果评估：家庭生涯规划的实施效果评估是一个重要的研究课题。未来的研究可以通过跟踪调查、实验研究等方法，对家庭生涯规划的实施效果进行客观评估，为实践提供科学依据。

（三）实践研究方向

家庭生涯规划的干预研究：家庭生涯规划作为一种促进个人发展和家庭幸福感的策略，其干预效果需要得到实践验证。未来的研究可以通过设计和实施家庭生涯规划干预项目，探索不同干预方式对家庭成员的影响，并总结有效的干预策略。

家庭生涯规划的教育与培训：家庭生涯规划需要家庭成员具备相应的知识和技能。未来的研究可以探索家庭生涯规划的教育与培训模式，为家庭成员提供相关的培训课程和资源，帮助他们更好地进行家庭生涯规划。

家庭生涯规划的政策支持：政策支持对于家庭生涯规划的实施至关重要。未来的研究可以通过分析政策环境和政策实施情况，提出相应的政策建议，为家庭生涯规划的推广和发展提供政策支持。

综上所述，未来的研究可以从理论研究、实证研究和实践研究三个方向展开，进一步促进家庭生涯规划与发展的实践和理论创新。通过不断深入的研究，可以更好地了解家庭生涯规划的本质和意义，为家庭成员的个人发展和整体幸福感提供更加有针对性的指导和支持。

第八章 学校生涯教育与改进

随着经济社会的发展，职业生涯逐渐延伸到教育领域，并影响到教育的各个阶段。学校生涯教育是指通过在学校教育体系内提供生涯发展支持和资源，帮助学生获得职业规划和发展所需的知识、技能和意识。它是一种综合性的教育模式，旨在通过开展一系列有组织、有计划的教育活动，使学生提升对自己、学业、职业的认识，掌握生涯规划的方法和技能，建立健康的职业观念和规划，为未来发展提供全面的支持和指导。

第一节 学校生涯教育的重要性

学校生涯教育是指在学校教育体系中，为学生提供有关职业选择、职业发展和生涯规划等方面的支持和指导的一种教育形式。学校生涯教育的重要性不言而喻，对学生的个人成长和未来职业发展起着促进作用。

首先，学校生涯教育可以帮助学生了解自己。学生在接受学校生涯教育的过程中，通过各种活动和课程了解自己的兴趣、价值观、能力和优势等，有助于学生更好地认识自己，通过探索不同领域和经历不同的职业来发展自己，逐渐形成职业意识和方向，明确目标和追求，为未来的职业选择和生涯规划打下基础。

其次，学校生涯教育可以提供职业信息和资源。学校作为一个教育机构，拥有丰富的职业信息和资源，可以向学生提供职业介绍、就业市场动态、职业发展趋势等信息；可以组织各种活动，如职业展览、实习机会等，帮助学生了解不同职业领域的要求和机会。通过生涯教育帮助学生了解各种职业的要求、机会和挑战，在实践活动中了解不同职业的真实情况，从而在学习和发展方向上做出明智的决策。

第三，学校生涯教育可以培养学生的职业技能和素养。在学校生涯教育的过程中，学生将接受一系列的职业技能培训，如沟通技巧、团队合作、问题解决等。这些技能对于学生未来的职业发展非常重要，能够提高他们的竞争力和适应力。

第四，学校生涯教育还可以帮助学生进行职业规划和目标设定。通过学校生涯教育，学生可以了解不同职业的特点和要求，结合自己的兴趣和能力，制定职业规划和目标。这有助于学生更好地规划自己的未来，并为实现职业目标做好准备。生涯教育强调个人的职业发展是一个持续的过程。通过提供职业规划和发展的指导，学生能够适应快速变化的就业市场和职业需求，积极主动地进行学习和自我提升。

最后，学校生涯教育可以促进学生的终身学习能力。学校生涯教育不仅关注学生的职业发展，还注重培养学生终身学习的能力。通过学校生涯教育，学生将学会如何主动获取职业信息、进行职业规划和发展，这对于学生顺利过渡到职业生活，并在他们未来的工作和生活中都至关重要。

综上所述，学校生涯教育对于学生的个人成长和职业发展具有重要的促进作用，对于学生的自我认知、职业探索与决策、就业竞争力、适应职场和社会环境，以及持续发展和适应变化都非常重要。它可以帮助学生了解自己、提供职业信息和资源、培养职业技能和素养、促进职业规划和目标设定，同时还能够培养学生的终身学习能力。因此，学校应重视生涯教育的实施，帮助学生建立健康的职业观念和规划，为他们的未来发展提供全面支持和指导。

第二节　学校生涯教育实施策略

随着实践活动的深入开展，生涯教育的内涵不断丰富，形式和手段也更加多样化，已成为教育体系的重要组成部分。学校生涯教育是一种综合性的教育模式，旨在通过开展一系列有组织、有计划的教育活动，使学生提升对自己、学业、职业的认识，掌握生涯规划的方法和技能，确保在关键时刻做出理性选择。学校生涯教育的实施策略主要包括以下几个方面：

一、建立系统的生涯教育体系

学校应建立完善的生涯教育体系，包括设立专门的生涯教育部门或机构，配备专业的生涯教育师资队伍，制订详细的生涯教育计划和课程。该体系应覆盖从幼儿园到大学的所有年级，并与其他学科和教育活动相结合，形成有机的整体。学校可以设计和引入生涯导向课程，将生涯教育融入到教学中，如职业规划、职业技能培养、沟通与表达能力等课程，帮助学生发展职业素养和能力。

二、提供全方位的生涯信息

学校可以提供各种生涯信息资源，包括职业介绍、行业展望、就业市场情况等，以书籍、网络平台、职业指导课程等多种形式呈现，以满足学生的不同需求。学生可以通过讲座、工作坊、网上平台等途径获取相关信息，了解不同职业的特点和要求。

三、引导职业探索与规划

学校应引导学生进行自我认知和职业探索，帮助他们了解自己的兴趣、价值观、能力和个性特点，并将这些因素与职业选择相结合。学校可以组织实地考察、企业参观、实习实训等活动，让学生亲身体验不同职业的工作环境和内容，从而更好地了解自己的兴趣和优势，了解不同职业领域和行业，为未来的职业选择提供参考。

四、提供职业技能培训

学校应开展相关的职业技能培训，帮助学生获得就业所需的实际技能和工作经验，如提供实践机会、实习项目、职业培训课程等，增强学生的就业竞争力。

五、建立职业导师制度

学校可以建立职业导师制度，将有经验和专业知识的人员与学生进行配对，为学生提供个性化职业指导和支持。专业的生涯指导人员通过与学生一对一进行咨询，帮助他们解决职业困惑。

六、加强与家长和社会合作

学校应与家长和社会资源密切合作，共同为学生提供生涯发展支持。学校可以举办生涯教育家长会议、职业展览会等活动，让家长了解生涯教育的重要性，并提供相关的资源和信息。学校可以积极与企业、行业协会等建立合作关系，开展实习就业合作项目。这样的合作可以为学生提供实践机会和职业导师支持，让他们更好地了解职场需求和提高就业竞争力。

七、评估和改进生涯教育效果

学校应定期评估和改进生涯教育的效果，以确保教育活动的质量和有效性。通过问卷调查、学生反馈、就业率等方式来评估生涯教育效果，并根据评估结果进行相应的改进和调整。

综上所述，学校可以为学生提供全面的生涯教育支持，帮助他们做出明智的职业选择并实现职业发展目标。学校生涯教育的实施策略需要结合学校的实际情况和资源，注重提供全面的生涯信息，引入生涯导向课程，组织职业探索活动，建立生涯指导与咨询服务，建立校企合作关系，以及培养综合能力和创新思维。这样的策略可以帮助学校更有效地开展生涯教育，有助于提高学生的就业竞争力，促进个人发展和社会进步，为学生的职业发展提供全面的支持和指导。

第三节　学校生涯教育案例分析

实施学校生涯教育时，不同的学校会采用不同的策略和方法。下面将以两个中学的生涯教育项目为例进行分析。

【案例一】

1. 背景描述

某高中位于城市中心地带，学生人数约为 1200 人。学校领导认识到生涯教育的重要性，决定开展一项全面的生涯教育计划，帮助学生更好地规划职业发展。

2. 方案设计

（1）建立生涯咨询中心：学校设立了专门的生涯咨询中心，聘请专业的生涯顾问团队为学生提供个性化的生涯咨询服务。学生可以通过预约或自由咨询的方式，与生涯顾问进行面对面的交流，获取职业信息和指导。

（2）开设生涯教育课程：学校将生涯教育纳入课程体系，开设了一门专门的生涯教育课程，包括生涯规划、职业选择、就业技能等内容，并通过案例分析、小组讨论和实践活动等形式，激发学生的兴趣和参与度。

（3）组织职业讲座和实践活动：学校邀请各行各业的专业人士来校进行职业讲座，分享工作经验和职业发展路径。此外，学校还组织实践活动，如企业参观、实习机会等，让学生亲身体验不同职业领域的工作。

（4）搭建职业资源平台：学校建立了一个在线职业资源平台，为学生提供职业信息、行业动态、职业测评和简历制作等服务。学生可以通过该平台了解各种职业的要求和发展前景，并将个人信息上传至平台，与潜在的雇主进行联系。

（5）辅导学生制定个人生涯规划：学校的生涯顾问团队与学生进行一对一的面谈，了解他们的兴趣、优势和职业目标，并根据个体差异制定个性化的生涯规划。生涯规划包括设定短期和长期目标、选择适合的学科和课程、参加实习和社区服务等。

（6）建立校企合作关系：学校积极与各大企业建立合作关系，开展校企合作项目，为学生提供实习和就业机会。学校与企业共同制订培养计划，将学生培养成符合市场需求的人才。

3. 效果评估

学校对生涯教育的效果进行了评估。通过问卷调查和个案分析，学校发现生涯教育项目对学生的职业意识、自我认知和职业规划能力有了显著的提升。许多学生在参加生涯教育活动后，更加明确了自己的兴趣和目标，并做出了相应的学习和职业规划。

4. 结论

该高中的学校生涯教育项目通过多种方式和渠道，为学生提供了全方位的职业发展支持和指导。学校与企业的合作关系使学生能够更好地了解不同职业的需求和挑战，为就业做好充分准备。此外，生涯教育课程和生涯咨询中心的建立，为学生提供了专业的职业规划服务，帮助他们更好地认识自己、制定目标，并采取相应的行动实现职业目标。

　　该高中的生涯教育项目还可以进一步改进和完善。例如，可以加强与社区资源的合作，为学生提供更多实践机会；同时，还可以引入更多的创新教育模式和技术手段，提高生涯教育的覆盖面和效果。

【案例二】

1. 背景描述

　　该中学位于一个大城市，学生人数约为 1600 人。学校决定实施一项全面的生涯教育计划，帮助学生更好地进行职业规划和发展。

2. 策略和措施

　　（1）整合资源：学校成立了一个专门的生涯教育团队，由职业指导教师、学术导师和行业专家组成。他们利用学校现有的资源，如图书馆、实验室和网络平台，为学生提供各种生涯信息和支持。

　　（2）引入课程：学校开设了一门名为《职业探索与规划》的选修课程，覆盖职业规划、职业技能培养、就业市场情况等内容。该课程由学校的职业指导教师主讲，采用小组讨论、案例分析和实践活动等教学方法。

　　（3）辅导和指导：学校配备了专业的职业指导教师，与学生一对一进行职业咨询和指导。学生可以预约见面，讨论个人的兴趣、能力和目标，并制定相应的职业规划。此外，学校还定期组织职业讲座和工作坊，邀请行业专家分享经验和提供指导。

　　（4）实践机会：学校与当地企业和社会组织建立了合作关系，为学生提供实习和实践机会。学生可以通过参与实习项目，了解不同职业领域的工作内容和要求，并获得实际工作经验。

　　（5）资源支持：学校建立了一个在线平台，提供丰富的职业信息和资源支持。学生可以在该平台上浏览就业市场动态、职业发展路径和职业规划工具。此外，学校还组织职业展览和招聘活动，为学生提供更多的机会和渠道。

3. 效果评估和成果

　　学生反馈良好：学生对生涯教育计划的反馈非常积极。他们表示通过课程学习和指导辅导，更清楚地了解了自己的兴趣和职业方向，并对未来的职业发展感到更有信心。

就业竞争力提升：学校的毕业生就业率和就业质量有了明显的提升。毕业生更具备职业技能和沟通能力，与企业和雇主的联系更紧密，更容易适应职业环境。

校企合作深入发展：学校与企业和社会组织的合作关系得到加强和拓展。合作伙伴提供更多的实习和就业机会，为学生提供更全面的支持和指导。

综上所述，该中学通过整合资源、引入课程、提供辅导指导、提供实践机会和资源支持等措施，成功实施了一项全面的生涯教育计划。学生受益于此，实现了更好的职业规划和发展。学校与企业的合作也得到了加强，为学生提供更多就业机会和资源支持。

第四节 不同阶段学校生涯教育

一、学校生涯教育实践概述

生涯教育是学校的一项重要的任务，不同年龄段的学生面临着不同的发展需求和挑战，因此要根据学生的不同阶段来进行。

（一）小学阶段的学校生涯教育实践

小学阶段是学生人生发展的起点，也是他们开始建立自我认知和发展兴趣爱好的时期。在小学阶段，学校生涯教育实践应该注重以下方面：

1. 培养学生的自我意识和自我认知能力。通过启发式教学和情景模拟等方式，帮助学生了解自己的兴趣、优势和价值观，从而形成初步的职业意识。

2. 培养学生的学习兴趣和学习技能。通过培养学生的学习兴趣和学习技能，激发他们的学习动力和自主学习能力，为未来的学业发展打下基础。

3. 引导学生进行兴趣探索和多元经历。通过丰富多彩的课外活动、兴趣小组等方式，帮助学生拓宽视野，发现自己的兴趣爱好，培养多元化的才能。

（二）初中阶段的学校生涯教育实践

初中阶段是学生进入青春期的时期，也是他们开始面临职业选择的重要阶段。在初中阶段，学校生涯教育实践应该注重以下方面：

1.提供职业信息和指导。通过职业讲座、职业体验活动等方式，向学生介绍不同职业的特点和要求，帮助他们了解职业的多样性和发展前景。

2.进行职业兴趣测试和评估。通过职业兴趣测试和评估，帮助学生了解自己的兴趣和能力，为未来的职业选择提供参考。

3.培养学生的职业技能和就业能力。通过开设职业技术课程和实践活动，培养学生的职业技能和就业能力，提高他们的竞争力。

（三）高中阶段的学校生涯教育实践

高中阶段是学生即将步入社会的关键时期，也是做出职业选择的决策阶段。在高中阶段，学校生涯教育实践应该注重以下方面：

1.提供职业规划指导和辅导。通过职业规划课程和个人辅导，帮助学生制订个人职业发展计划，明确自己的职业目标和发展路径。

2.提供大学和职业信息。通过大学招生宣讲会、职业展览等方式，向学生介绍不同大学的特点和专业设置，为他们的升学和就业做好准备。

3.开展职业体验和实习活动。通过安排学生参与职业实践和实习，让他们亲身体验不同职业的工作环境和工作内容，帮助他们更好地了解职业的真实性。

（四）大学阶段的学校生涯教育实践

高等教育可以更好地帮助学生进行职业规划和发展，提高他们的职业素养和就业竞争力。同时，也需要与行业保持紧密联系，及时了解行业需求变化，使学校生涯教育实践与实际就业需求相匹配。大学生涯教育实践应该注重以下几个方面：

1.职业规划与发展指导：为学生提供全面的职业规划和发展指导，包括个人兴趣、能力评估，职业目标设定，职业道路探索等方面的指导，帮助学生明确自己的职业发展方向。密切关注相关行业的就业趋势和需求，了解行业的发展动态，从而指导学生选择适合自己的专业方向。

2.职业技能培养：注重培养学生所需的职业技能，包括理论知识的掌握和实际操作的能力。通过针对性的课程设置和实践项目，提高学生的职业竞争力和就业能力。积极组织实践和实习活动，为学生提供与专业相关的实际工作经验，让他们真实地感受职业生活，提高职业素养和实践能力。

3. 就业指导与资源支持：为学生提供就业指导和就业资源支持，包括就业市场信息、求职技巧培训、职业咨询等，帮助学生顺利就业并适应工作环境。鼓励学生具备创新创业意识和能力，提供相关的创业教育培训和支持，帮助他们在创业领域发展，培养创新思维和实践能力。

4. 校企合作与校友网络：与企业建立紧密的合作关系，开展校企合作项目，提供实际工作机会和职业导向的培训。建立起职业导师制度，配备经验丰富的职业导师，帮助学生解答职业困惑、提供职业指导和个人成长支持。搭建校友网络平台，为学生提供校友资源和职业发展支持。

总之，不同阶段的学校生涯教育实践都在帮助学生认识自己、探索职业发展，为未来做出明智的职业选择和规划。学校应该通过多种方式和途径，为学生提供全面的生涯教育支持，帮助他们实现个人发展和职业成功。

二、小学阶段生涯教育

小学生涯教育的内容和特点决定了其在学生职业发展中的重要性和必要性。通过在小学阶段进行生涯教育，可以帮助学生树立正确的生涯观念，培养他们的自我认知和自我决策能力，为未来的学习和职业发展打下坚实的基础。

（一）小学生涯教育的重要性

小学生涯教育是学生职业生涯发展的起点，也是培养学生正确生涯观念和发展生涯能力的关键时期。小学生涯教育的重要性体现在以下几个方面：首先，小学生涯教育有助于开拓学生的职业意识，使他们认识到自己的兴趣爱好和潜在优势，为未来职业发展奠定基础。其次，小学生涯教育有助于培养学生的学习动力和自主学习能力，使其具备良好的学习习惯和学习方法，为进入中学做好准备。最后，小学生涯教育有助于培养学生的人际交往和合作能力，让他们从小学会与人沟通、协作，为将来与同事、客户等建立良好的职业关系打下基础。

（二）小学生涯教育的目标

小学生涯教育的目标是帮助学生形成正确的职业价值观和职业规划意识，明确自己的职业兴趣和能力，掌握一定的职业技能，为未来的职业生涯做出选择和准备。具体的教育内容包括：

1.职业意识的培养：通过开展职业讲座、职业体验活动等，让学生了解不同职业的特点和要求，激发他们对不同职业的兴趣，并且认识到不同职业的重要性和社会价值。

2.职业兴趣的培养：通过开展兴趣小组、才艺展示等活动，引导学生发现自己的兴趣爱好，并且了解与之相关的职业方向，为未来的职业选择提供参考。

3.学习能力的培养：通过开展学习技能训练、学习方法指导等活动，帮助学生掌握良好的学习习惯和学习策略，提高学习效果，为进入中学做好准备。

4.社交能力的培养：通过开展小组合作、社区服务等活动，培养学生的团队协作精神和社交技能，让他们从小学会与人合作、沟通。

（三）小学生涯教育的特点

小学生涯教育是指在小学阶段对学生进行全面、系统、个性化的教育，旨在帮助学生形成正确的人生观、价值观和职业观，为未来的学习和职业发展打下坚实的基础。小学生涯教育的特点主要包括以下几个方面：

1.小学生涯教育注重培养学生的全面发展。不仅关注学术知识的传授，还注重学生的品德、情感、社交等方面的培养，通过开展各种活动和课程，帮助学生了解自己的兴趣、特长和优势，培养学生的综合素质，使他们在各个方面都能得到全面的发展，从而为未来的职业发展做出明智的选择；小学生涯教育涉及多个学科和领域，需要综合运用各种教育资源和手段，培养学生的综合素养和职业能力。

2.小学生涯教育注重培养学生的职业意识和职业技能。小学生涯教育需要从小学一年级开始，贯穿整个小学阶段。学校和教师需要制订相应的教育计划和课程，确保学生在每个学年都能接受到适合他们年龄和发展水平的教育内容。同时，还需要与中学和大学的生涯教育相衔接，通过开展职业教育课程和实践活动，帮助学生了解不同职业的特点和要求，培养职业意识和职业技能，为未来的职业发展打下坚实的基础。

3. 小学生涯教育注重发掘和培养学生的个性特长和兴趣爱好。通过开展各种兴趣活动，激发学生的学习动力和职业探索兴趣。注重通过游戏、活动等形式进行教育，通过寓教于乐的方式，提高学生的参与度，使学生在轻松愉快的氛围中学习和成长，激发学生的学习兴趣和积极性，鼓励学生发展自己的特长，根据学生的个体差异和发展需求，提供个性化的教育服务和指导。同时，小学生涯教育还注重培养学生的自主学习能力和创新精神，使他们能够主动探索和发展自己的潜能，为他们未来的学习和工作做好准备。

4. 小学生涯教育注重培养学生的社会责任感和团队合作能力。通过开展社会实践活动和志愿服务等形式，帮助学生了解社会、关心他人，培养社会交往能力和团队合作精神，使他们能够适应社会的发展和变化，为社会做出积极的贡献。

（四）小学生涯教育的基本内容

小学生涯教育注重培养学生的基础知识和基本技能，帮助学生了解自己的兴趣、能力和价值观，培养自我认知和自我决策能力，为进一步的学习和职业发展打下坚实的基础。小学生涯教育旨在培养学生积极主动地探索自我、了解职业世界和发展个人规划的能力。在小学阶段，生涯教育的基本内容主要包括以下几个方面：

1. 自我认知与价值观培养：小学生正处于兴趣形成的关键期，生涯教育应该引导他们发现和培养自己的兴趣爱好。通过开展丰富多样的课外活动和兴趣小组，帮助学生探索培养自己的兴趣爱好，自己的优点，树立正确的人生观和价值观；帮助学生树立正确的生涯观念，认识到每个人都有自己的兴趣和潜能，为未来的职业选择做好准备。

2. 学习技能培养：小学生在学习过程中需要掌握基本的学习技能，如阅读、写作、计算等。生涯教育应该注重培养学生的学习兴趣和学习方法，帮助他们建立正确的学习态度和学习习惯，为未来的学习打下坚实基础。

3. 社交技能培养：小学生需要逐渐适应社会环境，学会与他人合作和交流。生涯教育应该注重培养学生的社交能力和团队合作精神，帮助他们建立良好的人际关系和解决问题的能力。指导学生学习与他人沟通、合作和解决问题的技巧，在集体活动中提高社交能力和团队合作精神。

4. 职业意识与体验：尽管小学生还不需要面临职业选择，但生涯教育应该引导他们了解不同职业的特点和要求，培养他们对职业的认知和兴趣。通过启发性的活动和游戏，引导学生认识不同的职业及其特点，激发学生对职业的兴趣；通过职业体验活动和职业教育课程，帮助学生初步了解职业世界；组织学生参观企事业单位、拓展训练等活动，让学生亲身体验不同职业的工作内容和环境。

5. 家庭教育支持：加强与家长的沟通和合作，提供家庭教育支持，帮助家长了解生涯教育的重要性，共同关注学生的职业发展。

（五）小学生涯教育的实施策略

小学生涯教育培养学生全面发展的能力和素质，使其具备适应未来社会发展的能力和自主选择职业的能力。为了实现这些目标，需要采取以下几种实施策略：

首先，建立完善的小学生涯教育课程体系。学校应创设良好的学习环境和提供丰富的学习资源，激发学生的创新思维和创造力，培养他们的创新能力，并根据学生的年龄特点和发展需求，设计和开展适合小学生的生涯教育课程，包括自我认知、职业意识、职业技能、学习能力和社会责任感等方面的内容，提供学生实践的机会，培养他们的职业技能和实践能力。

其次，开展多样化的生涯教育活动。学校应该通过开展各种活动和课程，帮助学生了解自己的兴趣爱好，培养自我认知和自我管理能力，通过组织各种形式的活动，如职业体验、职业讲座、职业实践等，让学生亲身体验不同职业的特点和要求，增强他们的职业意识和职业技能。

再次，加强学校和家庭的合作。学校和家庭应共同关注学生的生涯发展，加强沟通和合作，共同制定学生的生涯规划，为他们提供必要的支持和指导。学生在小学阶段需要学会与他人合作、沟通和解决问题，培养良好的人际关系和团队合作能力。学校和家庭应该通过开展各种社会实践活动和团队合作项目，培养学生的社会适应能力和合作精神。

最后，建立有效的评价和质量保障机制。通过建立科学的评价体系，对学生的生涯教育进行评估和反馈，及时发现问题并采取相应的措施进行改进，确保生涯教育的质量和效果。

（六）小学生涯教育的常见问题及解决方案

小学生涯教育在实践中存在资源匮乏、教师专业素养不足、家长参与度低等问题。以下是一些常见问题及相应的解决方案：

问题1：资源匮乏。由于小学生涯教育的重要性未被充分认识，资源投入不足，导致教育内容和活动丰富度不够。

解决方案：教育部门和学校应加大对小学生涯教育的重视，并增加相关资源的投入，如职业体验活动、访谈嘉宾等。

问题2：教师专业素养不足。部分小学教师在生涯教育理念、方法和资源应用等方面缺乏专业知识和技能。

解决方案：提供师资培训，加强教师的生涯教育理论和实施能力，使其具备指导学生的能力和自我发展的观念。

问题3：家长参与度低。部分家长对于小学生涯教育的重要性认识不足，缺乏对孩子职业规划的支持和引导。

解决方案：学校与家长之间加强沟通，开展家校合作，向家长宣传生涯教育的重要性，并提供相关的家庭指导手册和资源。

（七）小学生涯教育的正反面案例

以下是小学生涯教育的正面案例，展示了成功实施生涯教育的经验和效果：

【案例1】学校设立生涯教育课程。学校将生涯教育纳入课程体系，开设专门的生涯教育课，帮助学生了解不同职业的特点和要求。学生通过参观企业和与职业人士交流，增强对职业的认识和理解，培养职业意识和规划能力。

【案例2】实践与体验结合。学校组织学生参观企事业单位、参与社区服务，让学生亲身体验不同职业的工作内容和社会责任。某小学注重培养学生的学习能力和社交能力，通过开展学习技能训练、学习方法指导等活动，帮助学生掌握良好的学习习惯和学习策略。此外，学校还组织了社区服务活动，让学生参与其中，锻炼他们的社交能力和团队合作精神。

【案例3】职业导师制度。学校与社会各界合作，邀请职业人士担任学生的职业导师，为学生提供职业咨询和指导，帮助学生更好地了解职业发展。某小学注重培养学生的职业意识和职业兴趣，通过邀请各行业的人员到校进行职业讲座，开展职业体验活动等方式，让学生了解不同职业的特点和要求。同时，学校开设了多样化的兴趣小组，让学生自由选择自己感兴趣的方向进行深入学习，并且提供相关的实践机会，帮助他们发现和培养自己的特长与潜力。

以下是一些小学生涯教育的反面案例，反映了一些问题和不足之处：

【案例1】调查方法单一。部分学校只采用问卷调查等简单方法来了解学生的职业兴趣和意愿，而缺乏深入的个别指导。

【案例2】职业偏见和刻板印象。一些学校或教师对特定职业有偏见，传递给学生的信息存在局限性，影响了学生的职业选择和发展。

【案例3】缺乏跟踪支持机制。部分学校在生涯教育活动结束后，没有提供进一步的跟踪和支持，导致学生的规划和决策能力得不到有效的培养。

为了确保小学生涯教育的有效实施，需要综合考虑上述问题并采取相应的解决方案，以确保学生在小学阶段能够获得全面的生涯教育。

（八）小学生涯教育的评价

小学生涯教育的评价是对学生在小学阶段所接受的生涯教育的效果和质量进行客观、全面、科学的评估。目的是为了了解学生在生涯教育中的发展情况，发现问题并加以改进，提高生涯教育的质量。同时，评价也是对教育机构和教育者的工作进行监督和指导的重要手段。

小学生涯教育的评价应该具备以下几个方面的内容：

1.评价指标体系的建立。评价指标体系是评价工作的基础，是对小学生涯教育目标的具体化和细化，是对学生发展各个方面的要求进行量化和具体化的表达。评价指标体系应该包括学生的知识、技能、态度和价值观等方面的要求，同时还应该考虑到学生的个体差异和特点。通过制定评价指标和评价标准，对学生的生涯教育进行全面、客观、公正的评价，包括学生的自我认知能力、职业意识和职业技能、学习能力和创新能力、社会责任感和团队合作能力等方面的评价。

2.评价方法的选择。评价方法是评价工作的具体操作方式，是对学生进行评价的手段和工具。在小学生涯教育的评价中，可以采用多种评价方法，如问卷调查、观察记录、学业成绩评价、学生自评和家长评价等。通过多种评价方法，如问卷调查、观察记录、个案分析等，对学生的生涯教育进行评估和反馈，了解学生的发展情况和问题，为他们提供必要的支持和指导。评价方法的选择应该根据评价的目的和评价指标的要求来确定，同时也应该考虑到评价的客观性和可靠性。

3.评价结果的反馈和利用。评价结果的反馈和利用是评价工作的重要环节，是对评价结果进行分析和解读，并将评价结果用于改进教育实践和提高生涯教育质量的过程。评价结果应及时、准确地反馈给学生、教师和家长，帮助他们了解学生的发展情况和问题，并通过评价结果的分析和解读，提出相应的改进措施和建议，提高生涯教育的质量和效果，促进学生的全面发展。

（九）小学生涯教育的质量保障

小学生涯教育的质量保障是指通过一系列的措施和机制，确保小学生涯教育质量达到一定的标准和要求。目的是为了保证学生在小学阶段接受的生涯教育能够真正发挥作用，促进学生的全面发展。

小学生涯教育的质量保障应该包括以下几个方面的内容：

1.教师队伍建设。教师是小学生涯教育的主要实施者和推动者，其素质和能力直接影响到生涯教育的质量。因此，要加强对小学生涯教育教师的培训和培养，提高他们的专业素养和教育教学能力，同时要加强对教师的考核和评价，建立健全教师激励机制，提高教师的工作积极性和责任感。

2.教育资源的配置。教育资源的配置是保障小学生涯教育质量的重要保障措施，要加大对小学生涯教育的投入，提高教育资源的配置水平，确保学校和教师有足够的教育资源来开展生涯教育工作。同时，要加强对教育资源的管理和监督，确保教育资源的合理利用和公平分配。

3.家校合作机制的建立。家校合作是小学生涯教育的重要环节，能够促进学校和家庭有效沟通和合作，共同关注学生的发展和成长。因此，要建立健全家校合作机制，加强学校和家庭之间的联系和交流，共同制定学生的生涯教育计划和目标，并通过家长会、家访等形式及时了解学生的学习和发展情况。

小学生涯教育的评价与质量保障是保证小学生涯教育质量的重要手段和措施。通过对小学生涯教育的评价，可以了解学生在生涯教育中的发展情况，发现问题并加以改进；通过质量保障的措施和机制，可以确保小学生涯教育的质量达到一定的标准和要求。只有评价与质量保障相结合，才能够真正提高小学生涯教育的质量，促进学生的全面发展。

三、初中阶段生涯教育

（一）初中生涯教育的重要性

初中生涯教育在学生的成长和发展过程中具有重要意义。首先，初中阶段是学生从儿童向青少年转变的关键时期，他们需要了解自己的兴趣、能力和价值观，并为未来的职业规划做好准备。生涯教育可以帮助学生更好地认识自己，认识外部世界，探索自己的潜能和兴趣，提高自我决策和问题解决的能力。其次，初中生涯教育有助于引导学生树立正确的人生观和职业观。通过全面了解不同职业领域的信息和特点，学生可以更好地理解不同职业之间的差异与联系，形成正确的职业观念，避免盲目跟风或被动选择职业。此外，生涯教育还可以帮助学生培养积极的态度和价值观，如勤奋、责任心、团队合作等，为未来的职业成功奠定基础。最后，初中生涯教育对于社会的可持续发展也具有重要意义。生涯教育可以提高学生的就业竞争力，培养创新精神和创业意识，促进人才的合理流动和社会资源的优化配置。通过生涯教育，社会可以更好地培养出适应经济发展需要的多元化人才，满足社会主义现代化建设的要求。

（二）初中生涯教育的目标

初中生涯教育的目标是帮助学生全面了解自己、认识外部世界，为未来的职业规划和个人发展奠定基础。具体而言，初中生涯教育的目标包括以下几个方面：

1.帮助学生了解自己的兴趣、能力和价值观。通过评估和测试，引导学生认识自己的特点和优势，明确个人兴趣爱好和职业倾向，促进学生自我认知和成长。

2.提供职业信息和职业教育。通过提供职业领域的介绍、工作经验分享、实地考察等方式，帮助学生了解不同职业的特点和要求，认识职业发展的多样性和挑战。

3. 培养学生的职业探索和决策能力。通过职业规划指导、个人目标设定、决策技巧培训等方式，引导学生认识自己的优势和不足，分析职业发展的机会和风险，做出合理的职业选择。

4. 培养学生的职业技能和就业竞争力。通过开展职业技能培训、实践项目等活动，提升学生的综合素质和职业技能，增强他们在就业市场上的竞争力。

（三）初中生涯教育的特点

初中生涯教育是指在初中阶段对学生进行职业生涯规划和发展的教育活动。初中生涯教育的实践特点主要包括以下几个方面：

1. 多元化的教育内容：初中生涯教育的目标是帮助学生全面发展，培养自主性、创造性和适应性，使他们能够适应未来社会的需求和挑战。因此，初中生涯教育的实践内容涵盖了职业意识培养、职业信息获取、职业技能培养等多个方面。通过多元化的教育内容，帮助学生全面了解自己的兴趣、能力和价值观，为未来的职业选择做好准备。

2. 强调实践与体验：初中生涯教育的实践特点在于将学生的学习与实际生活相结合，通过实践活动和体验式学习，让学生亲身参与职业探索和实践，提高实际操作能力和解决问题的能力。例如，学校可以组织学生参观企业、实习或实训，让他们亲身体验不同职业的工作内容和环境，提高他们的职业意识和职业技能；

3. 个性化的辅导和指导：初中生涯教育实践中，注重对学生的个性化辅导和指导。通过与学生的面谈、问卷调查等方式，了解学生的兴趣、特长和职业倾向，为他们提供个性化的职业规划建议和指导。

初中生涯教育的实践模式应该根据学生的个体差异和需求进行个性化的设计和实施。每个学生都有自己的兴趣、特长和潜能，初中生涯教育应该根据学生的个体差异，提供不同的培养方案和支持措施。初中生涯教育的实践模式主要包括以下几种：

1. 课程导向模式：在初中课程中融入生涯教育内容，通过开设职业生涯规划课程或将生涯教育内容融入到各学科中，帮助学生了解不同职业的要求和发展路径。

2. 社会实践模式：通过组织参观企业、实地考察职业机构等方式，让学生亲身体验不同职业的工作环境和要求，增强他们的职业意识和职业技能。

3. 辅导与指导模式：通过与学生面谈、问卷调查等方式，了解学生的兴趣、特长和职业倾向，为他们提供个性化的职业规划建议和指导。

4. 家校合作模式：初中生涯教育的实践需要学校和家庭的共同参与和支持。学校和家庭应该建立良好的沟通机制，共同关注学生的职业发展和学习情况，共同制定学生的生涯规划和发展目标。家长可以提供学生的家庭背景和兴趣爱好等信息，学校可以根据这些信息为学生提供个性化的生涯指导和支持。

（四）初中生涯教育的基本内容

初中阶段是学生生涯教育的重要阶段，对于学生的成长和发展具有重要的影响。初中生涯教育旨在帮助学生进一步了解自己、了解职业世界和制定个人规划。在初中阶段，学生正处于身心发展的关键时期，开始逐渐形成自己的兴趣爱好和职业意识，同时也面临着学业压力和人际关系的挑战。因此，初中的生涯教育应该注重培养学生的自我认知能力、职业意识和职业规划能力，帮助他们更好地适应未来的职业发展。生涯教育的基本内容包括以下几个方面：

1. 自我认知能力的培养

自我认知是指个体对自己的认知和理解，包括对自己的兴趣、能力、价值观等方面的认知。初中生正处于兴趣和能力发展的关键期，生涯教育应该帮助他们发现自己的兴趣、潜能和个人天赋，培养学生的自我认知能力是初中生涯教育的重要内容。

首先，学校可以通过开展自我评价活动来帮助学生了解自己的兴趣和能力。例如，学校可以组织学生参加兴趣测评，了解兴趣所在，从而更好地选择适合的职业方向。

其次，学校可以通过开展职业探索活动，引导学生通过观察、调查和体验了解不同职业的特点和要求，探索自己的兴趣和特长。例如，学校可以组织学生参观企业、参加职业体验活动，让学生亲身感受不同职业的工作环境和工作内容，从而帮助他们更好地了解自己的职业兴趣和职业规划。

最后，学校可以通过开展心理辅导活动来帮助学生认识自己的情绪和情感，并学会有效地处理情绪问题。例如，学校可以组织学生参加情绪管理培训，帮助他们学会调节情绪、缓解压力，从而更好地适应学习和生活的挑战。

2. 职业意识的培养

初中阶段是学生形成职业意识的关键时期，学校生涯教育应组织学生参与社会实践活动，培养他们的实践能力和社会适应能力。组织学生参观企事业单位、社会公益活动等，让学生亲身感受职业工作和社会责任。

首先，学校可以通过开展职业讲座和职业咨询活动来帮助学生了解不同职业的特点和要求。例如，学校可以邀请各行各业的专业人士来校进行职业讲座，让学生了解不同职业的工作内容、薪资待遇等信息，从而帮助他们形成初步的职业意识。

其次，学校可以通过开展职业规划课程来帮助学生了解职业规划的重要性和方法。例如，学校可以开设职业规划课程，教授学生如何进行职业规划，如何制订职业目标和职业发展计划，从而帮助他们更好地规划自己的职业发展。

最后，学校可以通过开展实践活动来帮助学生了解不同职业的实际工作情况。提供多样化的职业信息和实践机会，引导学生认识不同职业的特点与要求，例如，学校可以组织学生参加职业实践活动，让他们亲身体验不同职业的工作内容和工作环境，从而帮助他们更好地了解自己的职业兴趣和职业规划。

3. 职业规划能力的培养

初中阶段是学生培养职业规划能力的关键时期，生涯教育应培养学生制定个人职业规划的意识和能力，包括设定目标、规划途径、了解求职技巧等。通过兴趣测试和能力评估，帮助学生了解自己的优势和劣势，为职业规划提供参考。通过职业讲座和职业体验活动，帮助学生了解职业世界，为他们的职业规划提供指导。

首先，学校可以通过开展职业规划指导活动来帮助学生制定职业目标和职业发展计划。例如，学校可以组织学生参加职业规划指导课程，教授学生如何制定职业目标、如何规划职业发展路径等知识和技能，从而帮助他们更好地进行职业规划。

其次，学校可以通过开展职业规划实践活动来帮助学生实践职业规划能力。例如，学校可以组织学生参加职业规划实践活动，如模拟面试、职业规划案例分析等，让学生亲身体验职业规划的过程和方法，从而提高职业规划能力。

最后，学校可以通过开展职业规划辅导活动来帮助学生解决职业规划中的问题和困惑。例如，学校可以组织学生参加职业规划辅导活动，提供个性化的职业规划指导和咨询服务，帮助学生解决职业规划中的困惑和问题，从而更好地进行职业规划。

4.情绪管理与技能培养

初中生需要掌握扎实的学科知识和基本的学习技能，生涯教育应该注重培养他们的学科能力和学习方法。通过开展学习技能培训和学科辅导，帮助学生提高学习成绩和学习能力。提供学习技巧指导，帮助学生提高学科成绩和学习能力，为未来的职业发展打下学术基础；同时，要培养学生情绪管理和情商，帮助他们更好地应对挫折和压力，增强自信心和适应能力。

通过以上的内容，初中生涯教育可以帮助学生培养自我认知能力、职业意识和职业规划能力，从而更好地适应未来的职业发展。

（五）初中生涯教育的实施策略

初中生涯教育可以帮助学生更好地了解自己、了解职业，树立正确的人生观和价值观，为未来的发展打下良好的基础。初中生涯教育可以通过一系列课程、活动和辅导，为学生提供系统化的职业发展计划和生涯支持体系。

首先，设立生涯教育课程，提供生涯咨询和指导。学校可以开设专门的生涯教育课程，通过系统的教学内容和活动，帮助学生了解自己的兴趣，探索和规划未来的发展；学校可以邀请专业的生涯咨询师或者校内的辅导员，为学生提供个性化的生涯咨询和指导服务，帮助个体了解不同职业的特点及现实状况，逐步提升生涯规划意识和能力。

其次，组织职业体验活动，引导学生自我探索。学校可以组织学生参观企业、实习或者参与社区服务等活动，让学生亲身体验不同职业的工作环境和工作内容，帮助他们更好地了解职业的实际情况；学校可以通过兴趣测试、性格测评等方式，引导学生进行自我评估和探索，帮助个体了解自己的兴趣、能力和价值观，明确自己的职业目标和人生发展方向。

最后，建立职业信息资源库，加强家校合作。学校可以建立职业信息资源库，包括不同职业的介绍、发展前景、工作要求等内容，为学生提供准确和全面的职业引导；学校可以与家长密切合作，定期举办家长会或者座谈会，分享生涯教育的经验和资源，共同关注学生的生涯发展，为学生提供全方位的支持。

（六）初中生涯教育的常见问题及解决方案

初中生涯教育在实践中存在课程安排不合理、师资力量不足等问题。以下是一些常见问题及相应的解决方案：

问题1：课程安排不合理。学校在课程设置上没有将生涯教育融入到整体教学体系中，导致生涯教育内容被边缘化。

解决方案：学校应调整课程设置，将生涯教育纳入正式课程，设立专门的生涯教育课程或将其融入学科课程中。

问题2：师资力量不足。一些教师在生涯教育理论和方法方面缺乏专业知识和经验，无法有效指导学生的职业规划。

解决方案：加强教师培训，提高教师的生涯教育专业素养，通过专家讲座、研讨会等形式，提升教师的指导能力。

问题3：家长参与度低。部分家长对于初中生涯教育的重要性认识不足，缺乏对孩子职业规划的支持和引导。

解决方案：加强家校合作，组织家长会、讲座等活动，向家长宣传生涯教育的重要性，提供相关的家庭指导手册和资源。

（七）初中生涯教育的正反面案例

以下是一些初中生涯教育的正面案例，展示了成功实施生涯教育的经验和效果：

【案例1】学校设立专门的生涯教育导师团队。学校聘请专业的生涯教育导师为学生提供个别咨询和指导，帮助他们制定职业规划。

【**案例2**】实践与体验结合。学校与社会各界合作，组织学生参观企事业单位、参与实习或志愿服务活动，让学生亲身感受不同职业领域。

【**案例3**】职业技能培训项目。某初中开展针对学生的职业技能培训项目，包括沟通技巧、团队合作、领导能力等多个模块。学生可以根据兴趣和需求选择参加相应的培训课程。培训过程中，学生通过理论学习和实践训练提升职业技能，并通过项目实践展示所学技能。该项目还邀请了一些职业人士来进行指导和评估，帮助学生了解职业发展的现实情况，并提供宝贵的建议和反馈。通过这个项目，学生能够在实践中锻炼自己的能力，提高职业竞争力，为未来的就业做好准备。

【**案例4**】生涯规划课程。某初中开设针对初中生的生涯规划课程，帮助学生了解自己的兴趣、能力和价值观，并为他们提供职业探索的机会。课程通过各种评估和测试工具引导学生认识自己的特点和优势，指导他们制定个人目标和职业规划。同时，课程还组织实地考察、职业体验等活动，让学生亲身接触不同职业领域，深入了解职业的实际需求和挑战。通过这门课程，学生能够更全面地认识自己，明确职业方向，为未来的学习和职业发展打下坚实的基础。

以下是一些初中生涯教育的反面案例，反映了一些问题和不足之处：

【**案例1**】职业刻板印象。部分学校或教师仍然存在对于特定职业的刻板印象，未能提供全面的职业信息和选择。

【**案例2**】缺乏个性化指导。一些学校在职业规划指导上过于泛化，未能针对学生的个体差异和兴趣提供个性化的支持。

【**案例3**】缺乏跟踪指导。学校在初中阶段仅关注学生的职业规划过程，但没有提供持续的跟踪和指导，导致学生不能做出明智的决策。

为了确保初中生涯教育的有效实施，需要综合考虑上述问题并采取相应的解决方案，以确保学生能够在初中阶段得到全面的生涯教育。这些实践案例也表明，初中生涯教育的实践应注重学生的自我认知、职业探索和职业技能培养，通过多样化的教育方式和活动，帮助学生形成正确的职业观念，提升综合素质，为未来的职业发展做好准备。

（八）初中生涯教育的评价

初中生涯教育的效果评价是指对初中生涯教育实施策略的效果进行评估和反馈，以了解教育措施的有效性和改进方向。初中生涯教育的效果评估可以从以下几个方面进行：

1. 学生满意度评价：通过问卷调查等方式，对学生的满意度调查和反馈意见收集，了解学生对初中生涯教育的满意度和和改进建议。

2. 职业发展情况评价：通过对学生的调查和测试，了解学生对不同职业的认知和理解程度，以及对自己的职业规划和发展目标。通过评估学生的职业意识和职业规划能力，评估初中生涯教育的效果。

3. 教师评价：评价教师在初中生涯教育实践中的教学效果和指导能力，可以了解学生在实践中所获得的职业技能，为教师的专业发展提供参考。

（九）初中生涯教育的质量保障

初中生涯教育的质量保障机制主要包括以下几个方面：

1. 教师培训与评估：学校是初中生涯教育的主要实施者，其管理和组织对于质量保障至关重要。学校应建立健全的管理体制，明确责任分工，制定科学的教育计划和课程设置，确保教育资源的合理配置。同时，学校还应加强对教师的培训和评估，提高他们的职业指导能力和职业信息获取能力，确保教师的专业素养和教学质量。

2. 资源支持与管理：初中生涯教育的质量保障需要政府和教育部门的政策支持和指导。政府应制定相关政策，明确初中生涯教育的目标和要求，为学校提供政策支持和资源保障。教育部门应加强对初中生涯教育的指导，提供专业培训和指导材料，帮助学校和教师提高教育质量。加强对初中生涯教育资源的整合和管理，确保学校能够提供充足的职业信息和实践机会，满足学生的职业发展需求。

3. 家校合作与社会支持：家庭和社会的支持对于初中生涯教育的质量保障起到重要作用。家长应积极参与学生的生涯规划，提供必要的支持和指导。社会应提供多样化的生涯教育资源，如职业体验活动、实习机会等，帮助学生了解不同职业和行业，拓宽他们的视野。加强学校与家庭、社会的合作，通过家长会、社会资源对接等方式，为学生提供更好的职业指导和支持。

四、高中阶段生涯教育

（一）高中生涯教育的重要性

高中阶段是学生人生规划和职业选择的关键时期，高中生涯教育具有重要性。首先，高中生涯教育可以帮助学生更全面地认识自己，明确自己的兴趣、能力和价值观。通过个人评估和辅导，学生能够了解自己的优势和不足，形成积极的自我形象，并为未来的职业选择做好准备。其次，高中生涯教育有助于学生进行系统的职业探索和规划。学生可以通过多样化的职业信息和实践机会了解不同职业领域的特点和要求，深入探索自己的兴趣和能力与现实世界的需求之间的契合度，有助于他们做出明智的职业选择，不仅符合自身发展需要，也适应社会发展的需求。最后，高中生涯教育对于学生的综合素质提升和未来发展有着重要作用。通过开展职业技能培训、创新创业教育等活动，学生可以提高自己的综合素质和职业技能，增强竞争力，为大学申请、就业或创业做好准备。同时，高中生涯教育还有助于培养学生的社会责任感、公民意识和团队合作精神，提升他们的综合素养，为未来的职业成功奠定基础。

（二）高中生涯教育的目标

高中生涯教育的目标是帮助学生全面认识自己、深入了解职业领域，并为未来的职业发展做出明智的决策。具体而言，高中生涯教育的目标包括以下几个方面：

1. 帮助学生深入了解自己的兴趣、能力和价值观。通过个人评估、心理咨询等方式，引导学生认识自己的特点和优势，明确个人的职业兴趣和发展方向。

2. 提供丰富的职业信息和实践机会。通过职业展览、实习实训、行业研究等活动，让学生亲身体验不同职业的工作环境和要求，帮助他们了解职业发展的多样性和挑战。

3. 培养学生的职业规划和决策能力。通过职业规划指导、个人目标设定、职业决策技巧培训等方式，帮助学生分析自身条件和职业发展的机会，制定符合实际情况的职业规划。

4. 提升学生的职业技能和就业竞争力。通过开展职业技能培训、模拟面试、职业能力评估等活动，提高学生的综合素质和职业技能，增强他们在就业市场上的竞争力。

5. 培养学生的创新创业精神和社会责任感。通过创新创业教育、社会实践、志愿者活动等方式，引导学生关注社会问题，培养解决问题的能力和社会责任感。

（三）高中生涯教育的特点

高中生涯教育是在初中生涯教育的基础上，进一步帮助学生明确个人价值观和职业目标，为未来的大学选择和就业做好准备。在大中小一体化视角下，高中生涯教育的实践模式和特点需要被深入研究和探讨。

首先，高中生涯教育的实践模式包括学校内部和外部的多种形式。学校内部的实践模式主要包括课程设置、学科竞赛、实习实训等，通过这些活动，学生可以了解不同的职业领域，培养实际操作能力。学校外部的实践模式主要包括社会实践、实习就业、志愿者活动等，通过参与社会实践和实习就业，学生可以亲身体验不同职业的工作环境和工作内容，从而更好地了解自己的兴趣和能力，为未来的职业选择做好准备。

其次，高中生涯教育的实践模式需要与社会资源和需求相结合。高中生涯教育应注重培养学生的自主性和主动性，鼓励学生积极参与职业探索和规划。学校应积极与社会各界合作，为学生提供更多的实践机会和资源，让学生能够更好地了解社会的需求和发展趋势，为社会做出贡献。实践模式应包括职业生涯咨询、实习实训、职业导向课程等多种形式，以满足学生的不同需求。高中学生正处于职业选择的关键时期，需要了解社会的职业发展趋势和就业市场需求。因此，高中生涯教育的实践模式应该与社会资源和需求相结合，为学生提供与实际职业需求相符的培训和实践机会。

再次，高中生涯教育的实践模式需要根据学生的个体差异和发展需求进行个性化设计。高中生涯教育的实践模式不仅要满足学生的普遍需求，还要根据学生的个体差异进行个性化设计和发展。在实践活动中，学校应该根据学生的兴趣、特长和职业志向，提供不同的选择和机会，让学生能够根据自己的兴趣和能力进行选择和发展。同时，学校还应该提供个性化的指导和辅导，帮助学生进行职业规划和生涯发展，使每个学生都能够找到适合自己的职业道路。

最后，高中生涯教育的实践模式需要注重学生的综合素质培养。高中生涯教育不仅仅是为了学生的职业发展，更重要的是培养学生的综合素质和能力。在实践活动中，学校应将实践与理论相结合，引导学生运用所学的理论知识解决实际问题，培养学生的实践能力和创新能力。同时，学校还应加强对学生的理论知识的教育，提高学生的综合素质和学科能力，为职业发展打下坚实的基础。实践模式应注重学生的创新力、沟通力、团队合作能力等综合素质的培养，以提高学生的竞争力和适应力。学校还应该加强对学生的社会责任教育，培养学生的社会意识和社会责任感，使学生能够积极参与社会实践和公益活动，为社会的发展做出贡献。

（四）高中生涯教育的基本内容

高中阶段是学生生涯发展的重要阶段，也是他们即将面临大学和职业选择的关键时期。因此，高中的生涯教育内容更加深入和全面，主要包括以下几个方面：

1. 职业探索与规划

在高中阶段，学生开始对自己的职业兴趣和能力进行更深入的探索。高中生涯教育应该提供一系列的职业探索活动，包括职业测评、职业讲座、实地考察等，帮助学生了解不同职业的特点和要求。同时，学校还应该引导学生进行职业规划，帮助他们制定个人职业目标和发展计划，引导学生对职业进行更深入的认知，了解不同行业的就业前景和发展趋势，并鼓励他们积极参与实习和实践活动。开设职业技能培训课程，如求职技巧、面试技巧、沟通技巧等，帮助学生提升就业竞争力和职场能力。

2. 学科学习与能力培养

高中阶段是学生进行学科学习的关键时期，也是培养核心能力的重要阶段。生涯教育应与学科学习相结合，帮助学生发展学科知识和技能，并培养他们的创新思维、沟通能力、团队合作能力等核心能力。同时，要提供一定的学术指导，帮助学生选择合适的选修课程和学术路径，培养他们的专业技能和学科兴趣。

3. 大学规划与择校指导

高中生需要进行深入的职业规划和高等教育选择，生涯教育应该提供职业咨询和高等教育指导，通过职业规划课程和大学招生政策解读，帮助学生了解不同职业和高等教育的要求，为他们的选择提供指导。提供大学信息和录取要求，帮助学生了解不同大学的特点和专业选项，帮助学生选择适合自己的大学和专业。

4. 创新创业教育

高中生需要具备一定的实践能力和创新能力，生涯教育应该注重培养他们的实践能力和创新思维。通过科研项目和创新实践活动，帮助学生提高实践能力和创新能力。鼓励学生培养创新精神和创业意识，提供相关的创新创业教育资源和支持，引导学生积极探索创新创业领域。

5. 社会责任和公民意识培养

高中生需要培养社会责任感和公民意识，生涯教育应该引导他们关注社会问题和参与公益活动，学校可以组织学生参观企业、参加社会活动，或者安排学生进行实习，让他们亲身体验不同职业的工作内容和要求。通过社会实践和志愿者活动，帮助学生了解社会问题，培养他们的社会责任感。

（五）高中生涯教育的实施策略

高中生涯教育的实施策略是指在实践中采取的具体措施和方法。为了有效实施高中生涯教育，需要制定科学合理的实施策略。

首先，高中生涯教育的实施策略应该注重学生的个性化需求。不同学生有不同的职业兴趣和发展方向，实施策略应进行个性化设计。通过职业生涯咨询、兴趣测试等方式了解学生的职业兴趣和发展需求，为他们提供个性化指导和支持。

其次，高中生涯教育的实施策略应该注重实践和体验。学生通过实践和体验可以更好地了解职业的本质和要求，提高自己的职业素养和技能。实习实训、参观企业、参加职业技能竞赛等方式都能让学生亲身体验职业生活，增强职业意识和职业能力。

最后，高中生涯教育的实施策略应该注重与社会资源和需求的对接。学校可以与企业、职业培训机构等建立合作关系，为学生提供与实际职业需求相符的培训和实践机会。通过与社会资源对接提高学生的职业素养和就业竞争力。

以下是一些常见的高中生涯教育实施策略：

1. 提供职业探索机会：高中生涯教育应该为学生提供多样化的职业探索机会，包括实习、实践活动、职业讲座等。帮助学生了解不同职业的特点和要求，从而更好地进行职业规划。

2. 引导学生制订个人发展计划：高中生涯教育应引导学生制定个人发展计划，帮助他们明确职业目标和发展方向。学校可以提供个人发展规划的指导和支持，帮助学生了解自己的兴趣、能力和价值观，从而做出合理的职业选择。

3. 提供职业技能培训：高中生涯教育应该为学生提供必要的职业技能培训，提升就业竞争力。学校可以组织职业技能培训课程，包括职业技能训练、实践操作等，以满足学生的职业需求。

4. 建立职业咨询服务体系：高中生涯教育应该建立完善的职业咨询服务体系，为学生提供个性化的职业咨询和指导。学校可以设立职业咨询中心，聘请专业的职业咨询师，为学生提供职业规划、就业指导等帮助。

（六）高中生涯教育的常见问题及解决方案

高中生涯教育在实践中也存在一些问题，如信息不对称、就业压力等。以下是一些常见问题及相应的解决方案：

问题 1：信息不对称。学生对职业信息了解不足，不清楚不同职业的发展前景和要求，缺乏职业规划意识，对自己的职业目标和发展方向不清楚。学生和家长对大学录取政策、专业选择等信息了解不足，缺乏清晰的指导。

解决方案：学校可以通过职业讲座、职业咨询等方式提供更多的职业信息，帮助学生做出明智的职业选择。学校可以加强对大学录取要求和专业信息的宣传，组织大学招生宣讲会、职业规划课程等，提供个性化的咨询服务，帮助学生制订个人职业目标和发展计划。

问题 2：学业与就业压力。高中阶段学业压力较大，学生容易出现焦虑、抑郁等心理问题。部分学生可能面临来自家庭和社会的就业压力，缺乏自信和适应能力。

解决方案：学校可以开展心理健康教育，提供心理咨询服务，帮助学生调整心态，建立积极的心理状态。学校可以开设情绪管理与心理辅导课程，帮助学生应对就业压力，鼓励他们积极参与实践活动，提升就业竞争力。

问题3：缺乏实践机会。一些学生可能无法获得充分的实习和实践机会，无法真实地了解不同职业的工作内容和要求，限制了对职业的了解和拓展。

解决方案：学校可以与企事业单位建立合作关系，提供更多的实践机会，同时加强与社会资源对接，为学生搭建更多实践平台，让学生亲身体验不同职业的工作环境和要求。

（七）高中生涯教育的正反面案例

以下是一些高中生涯教育的正面案例，展示了成功实施生涯教育的经验和效果：

【案例1】大学指导和辅导。学校设立专门的大学指导团队，为学生提供个性化指导，帮助他们了解大学录取要求、专业选择等，制订合理的升学计划。

【案例2】创新创业竞赛和活动。学校组织创新创业竞赛和活动，激发学生的创造力和创业意识，提供创新创业的培训和支持。某高中开展了创新创业教育项目，旨在培养学生的创新思维和创业意识，该项目通过开设创新创业课程、举办创意设计大赛、组织创业训练营等方式，引导学生关注社会问题，培养解决问题和创新的能力。同时，学校与当地企业合作，提供创业实践机会和创业指导，让学生亲身体验创业过程和职场环境。通过这个项目，学生能够锻炼自己的创新能力和团队合作精神。

【案例3】职业规划课程与活动。某高中设立了职业规划课程并举办相关活动，该课程结合学生的兴趣和需求，通过个人评估、职业咨询和定期谈话等方式，帮助学生了解自己的特点和优势，并明确职业兴趣和发展方向。此外，学校还组织了职业讲座、就业洽谈会等活动，邀请校友和职业人士与学生分享职业经验，提供职业指导和市场信息。通过这些课程和活动，学生能够更全面地认识自己，做出明智的职业规划决策，提高未来就业竞争力。

以下是一些高中生涯教育的反面案例，反映了一些问题和不足之处：

【案例1】重视升学忽视就业。部分学校过于强调大学升学，忽视职业教育和就业指导，导致学生对自己的职业目标和发展方向不清楚，缺乏职业规划意识。

【案例2】缺乏个性化支持。一些学校对学生的职业规划支持过于泛化，未能针对学生的个体差异和兴趣提供个性化的指导和支持。

【案例3】教育与实践脱节。学校在生涯教育中仅侧重理论知识的传授，缺乏与实际职场相关的实践活动，使学生理论与实践脱节。

高中生涯教育应该包括职业探索与规划、学科学习与能力培养、大学申请与择校指导、社会实践与实习机会等内容。同时，学校还应该解决学业压力与心理问题、职业信息不足、缺乏实践机会、缺乏职业规划意识等问题。通过正面案例的引导和反面案例的警示，可以更好地促进高中生涯教育的发展和实践，确保学生能够在高中阶段得到全面的生涯教育。

（八）高中生涯教育的评价

高中生涯教育的效果评价是对教育活动的质量和效果进行评估和监控的过程。对于高中生涯教育的效果评估，可以从多个角度，如学生的职业规划和发展情况、就业率和就业质量等指标进行。同时，还可以通过学生的自我评价和社会评价来了解教育的实际效果。通过评价可以了解高中生涯教育的实施情况和效果，为进一步改进和优化教育活动提供依据。以下是一些常见的高中生涯教育效果评价方法：

1.学生满意度调查：通过问卷调查等方式，了解学生对高中生涯教育的满意度和反馈意见。学生的满意度可以反映教育活动的质量和效果，为改进教育活动提供参考。

2.就业率和升学率统计：通过统计学生的就业率和升学率，评估高中生涯教育对学生就业和升学的影响。就业率和升学率的提高可以反映教育活动的效果。

3.职业技能水平评估：通过职业技能水平评估，了解学生在职业技能方面的掌握程度。职业技能水平的提高可以反映教育活动的效果。

4.职业发展情况跟踪：通过跟踪学生的职业发展情况，了解高中生涯教育对学生职业发展的影响。职业发展情况的改善可以反映教育活动的效果。

（九）高中生涯教育的质量保障

高中生涯教育的质量保障机制是指为了保证教育的质量和效果而采取的措施和机制。在高中生涯教育实践中，质量保障机制的建立和运行对于提高学生的生涯发展能力和实现个人发展目标至关重要。目前高中生涯教育的质量保障机制还存在一些问题和挑战，需要进一步研究和改进。

首先，需要建立健全的管理体制和组织机构。学校应该建立健全的管理体制和组织机构，由专业的教师和管理人员来负责实施和管理，明确职责和权限，确保教育的质量和效果。

其次，需要加强师资队伍建设。师资是高中生涯教育实践的重要支撑，优秀的师资队伍可以提供高质量的教育服务，促进学生的全面发展。目前高中生涯教育师资队伍存在一些问题，如师资结构不合理、师资培训不足等，学校应该加强对教师的培训和专业发展，提高他们的职业素养和教育能力，为学生提供更好的教育服务。

再次，需要加强与社会的合作和交流。社会资源是高中生涯教育实践的重要支持，社会资源可以为学生提供更多的实践机会和支持，提高学生的实践能力，促进他们的职业发展。目前高中生涯教育与社会资源的对接存在资源分配不均衡、对接机制不完善等问题。学校可以通过与社会的合作和交流，建立健全的资源共享机制，为学生提供更多的实践机会和资源支持。

最后，高中生涯教育的质量保障机制还需要加强家校合作。通过与家长的合作，可以更好地了解学生的需求和发展情况，为学生提供个性化的教育服务。目前高中生涯教育的家校合作存在沟通不畅、合作机制不完善等问题。因此，需要建立良好的沟通机制，促进家校共同关注学生的生涯发展。

在质量保障的过程中，还需要解决一些问题。例如，如何平衡学生的个性化需求和社会需求之间的矛盾；如何提高学生的职业素养和就业竞争力；如何评估教育的效果和质量等。这些问题需要通过不断的研究和实践来解决，以提高高中生涯教育的质量和效果。

五、大学阶段生涯教育

（一）大学生涯教育的重要性

大学生涯教育在培养学生职业素养、就业竞争力和个人发展能力方面起着重要作用。首先，大学生涯教育可以帮助学生明确自己的职业目标并规划未来的发展路径。通过职业咨询和指导，学生能够了解不同职业领域的要求和机会，从而更加准确地选择适合自己的职业方向。其次，大学生涯教育有助于提升学生的就业竞争力。通过职业规划课程、实习实训和就业技能培训等活动，学生可以获得实际工作经验和专业技能，增强在就业市场上的竞争力。同时，学校可以与企业合作，为学生提供就业机会和实践平台，帮助他们更好地适应职场需求。另外，大学生涯教育还有助于培养学生的终身学习能力和个人发展素质。通过开展创新创业教育、职业技能培训和综合素质提升活动，学生可以不断提升自己的学习能力和综合素质，为个人长期发展打下坚实基础。

（二）大学生涯教育的目标

大学生涯教育的目标是帮助学生全面认识自己、明确职业目标，并通过专业培养和就业准备，实现个人职业发展。具体而言，大学生涯教育的目标包括以下几个方面：

1. 自我认知与职业探索：帮助学生了解自己的兴趣、价值观和能力，并引导他们在专业领域和职业市场中进行深入探索，以找到适合的职业方向。

2. 就业竞争力提升：通过开设就业指导课程、模拟面试和职业技能培训等方式，提高学生的就业竞争力，从而顺利就业或创业。

3. 职业规划与职业发展：组织职业规划指导，帮助学生制定职业目标、规划个人发展路径，并提供职业发展咨询和支持。

4. 实践教学与实习实训：通过实践教学和实习实训，让学生接触真实的职业环境，获得实际工作经验，提升专业能力和职业素养。

5. 终身学习与个人发展：培养学生的终身学习能力，鼓励他们积极参与专业进修和自主学习，不断提升知识和技能，适应社会变革和职场需求。

（三）大学生涯教育的特点

大学生涯教育是指在大学为学生提供全面的职业生涯规划和发展支持的教育活动，旨在帮助学生明确职业目标，提供必要的职业技能培训和职业规划指导，以便能够顺利地进入职业生涯并取得成功。大学生涯教育的实践模式和特点主要包括以下几个方面：

1.职业生涯规划指导：通过开设职业生涯规划课程、组织职业生涯规划辅导等方式，帮助学生了解自己的兴趣、能力和价值观，明确自己的职业目标，并制订相应的职业发展计划。

2.实践教学：学校通过实践教学、实习实训等方式，将理论知识与实践能力相结合，培养学生的实际操作能力和职业素养，提高他们的职业竞争力。

3.职业导师制度：学校通过聘请职业经验丰富的专业人士担任导师，为学生提供个性化的职业指导和辅导，帮助他们解决职业发展中的问题和困惑，提供职业发展的建议和支持。

4.职业信息服务：学校通过建立职业信息平台、举办职业招聘会等方式，为学生提供及时、准确的职业信息，帮助他们了解就业市场的需求和趋势，为职业发展提供参考。

（四）大学生涯教育的基本内容

大学生涯教育是指在大学中，通过一系列教育活动和服务，帮助学生全面了解自己、了解职业、了解社会，从而做出明智的职业选择，并为未来的职业发展做好准备。大学生涯教育旨在帮助学生充分认识自己、明确个人发展目标，为顺利就业打下坚实基础。生涯教育的基本内容包括以下几个方面：

1.职业道德和职业素养培养：大学毕业生需要具备良好的职业道德和职业素养，生涯教育通过职业道德教育和职业素养培养，帮助学生树立正确的职业价值观和职业操守。

2.职业技能培养：大学的特点是注重实践和技能培养，生涯教育应通过实训课程和实习实训，帮助学生掌握职业技能和解决实际问题的能力。开设职场技能培训课程，如求职技巧、面试技巧、职业素养等，提升学生的就业竞争力和职业能力。

3. 实践教育与实习实训：组织实践教育活动，包括实习实训、校外实践等，提供实际操作经验，使学生能够更好地适应职场需求。

4. 就业指导和创业教育：学校可以通过建立职业信息咨询中心或职业指导中心，为学生提供就业市场的信息、职业发展的趋势和就业技巧等方面的咨询服务，帮助学生更好地了解职业市场和就业形势。通过就业指导课程和创业讲座，为他们的就业或创业提供支持。开设创新创业教育课程，提供相关资源和指导，鼓励学生培养创新精神和创业意识，引导学生积极探索创业领域。

5. 职业规划和终身学习：学校通过职业规划的指导，提供个性化的职业咨询服务，包括就业指导、职业测评等，帮助学生了解自己的兴趣、能力和价值观，明确职业目标，并通过职业发展课程和继续教育，帮助学生了解不同职业领域的就业趋势和职业要求，引导他们制定个性化的职业发展路径和提升职业能力。

（五）大学生涯教育的实施策略

大学生涯教育的实施策略是指为了达到培养学生职业发展能力和职业生涯规划能力的目标，学校所采取的具体措施和方法。大学生涯教育的实施策略主要包括以下几个方面：

1. 职业生涯规划课程：大学应该建立起完善的生涯教育体系，包括生涯教育的课程设置、教学方法和评价体系等。通过课程学生可以接受系统的生涯教育培养，了解自己的兴趣、能力和价值观，明确职业目标，提高职业发展能力和职业生涯规划能力。

2. 实践教学：大学应该与企业建立紧密的合作关系，通过与企业合作开展实习、实训等活动，让学生接触真实的职业环境，培养学生的实际操作能力和职业素养。为未来的职业发展做好准备。

3. 职业导师制度：大学建立职业导师制度，为学生提供个性化的职业指导和辅导，帮助他们解决职业发展中的问题和困惑。学校可以设立生涯规划中心或者职业咨询中心，为学生提供职业咨询、职业规划和就业指导等服务，帮助他们更好地选择适合自己的职业道路。

4. 职业信息服务：大学建立职业信息平台，提供及时、准确的职业信息，帮助学生了解就业市场的需求和趋势，为学生提供更多的就业机会和职业发展平台。

（六）大学生涯教育的常见问题及解决方案

大学生涯教育在实施过程中会面临一些问题，如职业指导不到位、实践机会不足等。以下是一些常见问题及相应的解决方案：

问题 1：职业指导不到位。部分大学在职业规划和指导方面存在不足，无法满足学生个性化的需求。

解决方案：大学加强职业指导师队伍建设，增加专业化的职业指导人才，同时整合校内外资源，为学生提供更全面的职业咨询服务。

问题 2：缺乏职业意识和目标。许多学生在生涯教育中缺乏对职业的认识和理解，不清楚自己的兴趣和优势所在，缺乏明确的职业目标，导致在选择职业方向时感到困惑。

解决方案：一是学校开设职业教育课程，帮助学生了解不同职业的特点和要求，引导他们发展职业意识。二是学校组织职业兴趣测试，帮助学生了解自己的兴趣和优势，从而确定适合的职业方向。

问题 3：缺乏职业技能和实践经验。一些大学的实践机会较少，限制了学生的实际操作经验和职业发展，导致学生无法适应未来职业发展的需求。

解决方案：学校加强实践教育，提供实践机会，让学生亲身体验不同职业的工作内容和要求；学校组织职业技能培训班，教授学生基本的职业技能，提高就业竞争力。学校积极与企事业单位合作，增加校外实践机会，提供更多实习实训项目，并建立良好的校企合作关系。

问题 4：缺乏职业规划和就业指导。许多学生在生涯教育中缺乏对职业规划和就业指导的了解，不知道如何制定职业发展计划和面对就业挑战。

解决方案：学校提供职业规划指导，帮助学生了解职业发展的路径和策略，制定个人的职业规划；学校组织就业指导活动，邀请专业人士分享就业经验和就业技巧，帮助学生更好地应对就业挑战。

问题 5：缺乏就业信息和资源。一些学生对就业市场了解不足，缺乏与就业相关的信息和资源。

解决方案：学校加强与就业市场的联系和合作，组织就业招聘活动、职业讲座等，为学生提供更全面的就业信息和资源。

问题6：在大学阶段，学生可能面临心理问题、人际关系问题等。

解决方案：学校开设心理健康教育课程，提供心理咨询和辅导服务，帮助学生解决心理问题，提高心理素质。

（七）大学生涯教育的正反面案例

以下是一些大学生涯教育的正面案例，展示了成功实施生涯教育的经验和效果：

【案例1】职业实训基地建设。某大学与企事业单位合作建设职业实训基地，为学生提供真实的工作环境和实践机会，提升其职业能力和竞争力。

【案例2】职业规划与就业指导。某大学设立了职业规划与就业指导中心，为学生提供个性化服务，帮助学生明确职业方向。该中心开设职业规划课程，帮助学生进行自我认知和职业探索，明确职业目标并制订行动计划。同时，中心组织就业指导讲座、模拟面试和职业技能培训等活动，提供实用的就业技巧和准备工作。此外，中心与企业合作，为学生提供实习实训和就业机会，帮助他们顺利实现职业发展目标。

【案例3】创新创业支持项目。某大学开展了创新创业教育项目，通过开设创新创业课程、组织创业大赛和创业训练营等活动，提供创业培训、项目孵化等支持，激发学生的创新创业潜能，引导学生关注市场需求和创新机遇，培养解决问题和创新的能力。同时，学校与企业合作，为学生提供创业指导和资源支持，帮助他们实际开展创业项目，促进就业和企业发展。通过这个项目，学生能够在实践中锻炼自己的创业能力和团队合作精神，为将来的创业成功打下坚实基础。

以下是一些大学生涯教育的反面案例，反映了一些问题和不足之处：

【案例1】重视理论忽视实践。某大学过于注重课堂理论教学，忽视学生的实践能力培养，导致毕业生与就业市场脱节。

【案例2】缺乏行业对接。某大学与企业合作不够紧密，缺乏了解就业市场需求的渠道，影响学生就业的匹配度。

【案例3】职业规划一刀切。某大学为了统一管理，将职业规划简化为泛泛而谈的模板，忽略了学生个体差异和多样化的职业选择。

为提高大学生涯教育的质量，需要综合考虑上述问题并采取相应的解决方案，以确保学生能够在大学阶段得到全面的生涯教育支持。

（八）大学生涯教育的评价

大学生涯教育的效果评估是指对学校生涯教育实施策略的效果进行评估和反馈，以便不断改进和提高生涯教育的质量。大学生涯教育的效果评估主要从以下几个方面进行：

（1）学生就业率和就业质量：通过对毕业生的就业率和就业质量进行评估，了解他们的就业行业、职位和薪资水平等此评估大学生涯教育的效果。

（2）学生职业发展能力和职业生涯规划能力：通过问卷调查、面试等方式，评估学生的职业发展能力和职业生涯规划能力，了解他们在职业发展中的成就和困惑，评估生涯教育的效果。

（3）学生满意度调查：通过问卷调查等方式，了解学生对生涯教育的满意度和意见建议，评估生涯教育的效果。

（4）教师评估和反馈：通过教师评估问卷、教学观摩等方式，评估教师的教学水平和生涯教育的实施效果，评估生涯教育的效果。

（九）大学生涯教育的质量保障

大学生涯教育的质量保障机制是确保学生在校期间获得有效的生涯教育支持和指导的重要手段。为了提高学生的就业竞争力和职业发展能力，需要建立一套完善的质量保障机制，以确保生涯教育的有效性和可持续性。目前大学生涯教育的质量保障机制存在一些问题，需要进一步研究和改进。

首先，大学生涯教育的质量保障机制需要建立有效的评估体系。评估是衡量生涯教育实践效果的重要手段，可以通过问卷调查、学生反馈、就业率等方式进行。通过评估可以及时发现问题并进行改进保障生涯教育的质量。目前的评估体系存在一些问题，如评估指标不够全面、评估方法不够科学等。因此，需要进一步研究和改进评估体系，确保评估结果能够准确反映生涯教育的实际效果。

其次，大学生涯教育的质量保障机制需要加强师资队伍建设。师资队伍是生涯教育实践的重要支撑，大学可以通过组织培训，提高教师的职业指导和辅导能力，为学生提供个性化服务，保障生涯教育的质量。针对目前大学师资队伍存在的师资结构不合理、师资培训不足等问题加强队伍建设。

再次，大学生涯教育的质量保障机制还需要加强与社会资源的对接。生涯教育需要与社会资源相结合，为学生提供实践机会和职业导向的培训。然而，目前大学与社会资源的对接存在一些问题，如合作机构不够多样化、实践机会不足等。因此，需要加强与社会资源的合作，建立职业信息平台，提供及时、准确的职业信息，拓宽学生的实践渠道，提高生涯教育的实践性和针对性。

最后，大学生涯教育的质量保障机制需要加强学生参与和反馈机制。学生是生涯教育的主体，他们的参与和反馈对于提高生涯教育的质量至关重要。然而，目前大学的学生参与和反馈机制存在一些问题，如学生参与意愿不高、反馈渠道不畅等。因此，需要加强学生参与和反馈机制，鼓励学生积极参与生涯教育活动，并及时收集和反馈学生的意见和建议。

综上所述，大学生涯教育的质量保障机制是确保学生获得有效生涯教育的重要手段。针对目前存在的问题需要进一步研究和改进质量保障机制，以提高大学生涯教育的质量和效果。

第九章　跨文化生涯发展与管理

跨文化生涯发展是生涯学领域中一个重要的研究方向，关注个体在不同文化背景下的职业发展和生涯规划。随着全球化的加速和国际交流的增多，越来越多的人涉足到不同文化的工作环境中，跨文化生涯发展已经成为越来越多人关注的话题，跨文化生涯发展的理论和实践变得尤为重要，同时，多元文化体验、跨文化沟通能力、职业增长以及创新思维等方面的机遇，为个体的职业发展带来了更广阔的前景。

第一节　跨文化生涯发展概述

一、跨文化生涯发展的概念

跨文化生涯发展是指个体在不同文化背景下开展职业生涯和管理的过程，包括在国际企业中工作、跨国公司的管理、海外工作、国际性组织的工作等。在这些跨文化背景下，个体需要面对不同的文化价值观、习俗、语言等差异，并学会适应和利用这些差异来促进职业发展。

跨文化生涯发展对于个体和组织都具有重要意义。对于个体而言，跨文化生涯发展可以提供更广阔的发展机会和职业前景。在全球化的背景下，具备跨文化背景和能力的个体更容易适应国际环境，获得更多的职业机会。对于组织而言，跨文化生涯发展可以带来更多的创新和多样性。在国际化的竞争中，拥有具备跨文化背景的员工可以为组织带来更多的资源和竞争优势。

跨文化生涯发展受到多种因素的影响，包括个体特征、组织环境和文化差异等。首先，个体特征是决定跨文化生涯发展的重要因素之一。个体的语言能力、文化适应能力、国际经验等都会对其在跨文化环境中的职业发展产生影响。其次，组织环境也是影响跨文化生涯发展的重要因素。组织是否提供国际机会、是否有跨文化培训等都会对个体的发展产生影响。最后，文化差异也是决定跨文化生涯发展的重要因素之一。不同文化间的价值观、习俗等差异会对个体的适应和发展产生影响。

二、跨文化生涯发展的理论与实践

（一）跨文化生涯发展的理论

跨文化生涯发展的理论主要包括跨文化适应理论和跨文化职业发展理论，这两个理论都是为了帮助个体在跨文化环境中更好地适应和发展，提供了一些指导和方法。通过学习和应用这些理论，个体可以更好地理解和应对跨文化环境中的挑战，提高自己的跨文化能力和竞争力。

1. 跨文化适应理论

跨文化适应是指个体在跨越不同文化环境时，能够适应并与该文化进行有效的互动。跨文化适应理论是指个体在跨文化环境中适应和适应新文化的过程。该理论认为，个体在跨文化环境中需要经历一系列的调整和适应，包括心理、情感、行为和认知等。跨文化适应理论强调了个体在跨文化环境中面临的文化冲突和文化适应的问题，以及如何通过学习和体验来提高跨文化适应能力。

2. 跨文化职业发展理论

跨文化职业发展理论关注个体在跨文化环境中的职业发展过程和策略。个体在跨文化环境中面临不同的职业机会和挑战，需要具备跨文化的职业能力和素养。该理论研究个体如何在不同文化背景下做出职业选择、发展职业能力、建立职业网络等方面的问题。跨文化职业发展理论强调了个体在跨文化环境中需要具备的跨文化沟通能力、跨文化领导能力和跨文化团队合作能力等，以及如何通过学习和实践来提高跨文化职业发展能力，并提供了相应的指导原则和策略。

（二）跨文化生涯发展的实践

跨文化生涯发展的实践主要包括跨文化生涯规划和跨文化生涯辅导。跨文化生涯发展是一个复杂而多面的过程，需要个体和辅导者都有深厚的文化意识和实用的技能。

1. 跨文化生涯规划

跨文化生涯规划是指个体在跨越不同文化环境时，制定并实施适合自身发展的职业规划，主要关注如何帮助个体在国际背景下确定职业目标和路径。在跨文化生涯规划中，个体需要考虑职业兴趣、价值观、能力和文化背景等因素，以便更好地适应并发展于不同文化环境中。

跨文化生涯规划的实践包括：自我评估，了解自己的价值观、兴趣、技能和目标，以及对跨文化经验的需求和适应能力；跨文化研究，研究目标国家或地区的文化、经济、社会和职业环境，了解其就业机会和发展趋势；职业目标设定，根据自身的兴趣和目标，确定在跨文化环境中的职业发展方向；学习和培训，通过学习和培训提升跨文化能力和职业技能，为跨文化生涯做好准备；跨文化网络建立，积极参与跨文化社交活动，建立与跨文化领域专业人士的联系，获取相关信息和资源。

2. 跨文化生涯辅导

跨文化生涯辅导旨在帮助个体解决在跨文化环境中遇到的职业发展问题，侧重于提供个性化的支持和指导，帮助个体适应不同的文化环境并成功实现职业目标。跨文化生涯辅导师可以提供个体在跨文化环境中所需的信息、资源和支持，帮助其解决文化差异、职业困惑等，促进其在跨文化环境中的职业发展。

跨文化生涯辅导的实践包括：跨文化适应培训，提供培训课程，帮助个体了解和适应跨文化环境中的文化差异和挑战；职业咨询，为个体提供关于跨文化职业发展的咨询和建议，帮助他们制订职业目标和发展计划；跨文化交流指导，提供指导，帮助个体在跨文化交流中克服语言和文化障碍，提高沟通和协作能力；跨文化冲突解决，提供解决跨文化冲突的方法和技巧，帮助个体处理和化解跨文化工作中的冲突和问题；职业发展支持，提供个体发展计划的指导和支持，帮助个体在跨文化环境中实现职业目标。

三、跨文化生涯发展的未来发展方向

随着全球化的深入发展，跨文化生涯发展领域还存在一些待解决的问题和可拓展的研究方向。

（一）跨文化适应策略的研究

目前已有一些关于跨文化适应策略的研究，旨在帮助个体在跨文化环境中更好地适应和融入，但仍需要进一步探讨不同文化背景下的适应策略及其效果，以提供更具体和有效的指导。例如，个体应如何平衡本土文化和外来文化的差异，以及如何应对文化冲突和文化适应压力等。

（二）跨文化职业发展模型的构建

跨文化职业发展模型是指在跨文化环境中，个体职业发展过程中所经历的各个阶段和关键因素。构建跨文化职业发展模型有助于理解跨文化环境对个体职业发展的影响机制，并为个体提供相应的职业发展指导和支持。然而，由于跨文化环境的复杂性和多样性，模型的构建需要进一步研究和实践验证。

（三）跨文化生涯辅导方法的创新

跨文化生涯辅导方法需要根据不同文化背景和个体特点进行创新，并根据具体情况进行定制和调整，以适应跨文化环境的多样性。例如，跨文化生涯辅导师可通过提供跨文化交流机会、开展文化敏感培训等方式，帮助个体更好地适应并发展于跨文化环境中。

总之，跨文化生涯发展是生涯学领域中一个重要的研究方向。未来的研究应进一步深入探讨跨文化适应策略、构建跨文化职业发展模型，并创新跨文化生涯辅导方法，以促进个体在跨文化环境中的职业发展。

第二节　跨文化生涯发展机遇

在全球化的时代背景下，跨文化生涯发展面临着许多挑战与机遇。跨文化生涯发展指的是个体在不同文化背景下进行职业生涯规划和发展的过程。在这个过程中，个体需要面对来自不同文化的差异与冲突，同时也可以从跨文化交流中获

得更多的机遇。

一、跨文化生涯发展面临的挑战

首先，跨文化生涯发展面临的挑战之一是文化差异带来的适应困难。不同国家和地区的文化背景、价值观、习俗和行为规范存在较大差异，个体在跨越不同文化进行职业发展时，需要深入了解目标文化的特点，学习并适应该文化的工作方式和组织文化。这对个体来说是非常大的挑战，需要具备跨文化沟通、跨文化敏感性和适应能力等素养。

其次，跨文化生涯发展还面临着语言差异的挑战。不同的语言和文化背景可能导致沟通困难，理解和表达能力受到限制。个体需要学习和掌握目标文化的语言，才能更好地融入和理解该文化，并在工作中进行有效的沟通和协作。此外，即使能够使用相同的语言进行沟通，仍然存在着文化差异带来的沟通障碍，需要个体具备良好的跨文化沟通技巧。

最后，跨文化生涯发展还存在人际关系问题。建立和维护跨文化的人际关系也是一大挑战，不同文化背景的人们对待人际关系的方式和期望不同。在一个新的文化环境中建立信任，展示诚意和尊重，构建良好的人际关系，要付出更多的时间和努力。

二、跨文化生涯发展带来的机遇

首先，跨文化生涯发展可以提供更广阔的发展空间。在全球化的时代背景下，越来越多的组织和企业开始跨国经营和拓展国际市场，为个体提供了更多跨文化工作和合作的机会。通过跨文化生涯发展，个体可以接触到更多的人才、资源和市场，从而提升自己的职业发展机会。跨文化工作提供了与不同文化背景的人们交流和合作的机会，有助于个体拓宽视野，增加文化敏感度，丰富个人的经历和技能。

其次，跨文化生涯发展还可以带来跨文化学习和成长的机会。个体在跨文化环境下的工作和生活经历，可以开阔视野，增加对不同文化的理解和尊重。跨文化学习和成长可以提升个体的跨文化背景素养和全球意识，有机会获得更广泛的职业增长，提高沟通技巧和能力。

最后，跨文化生涯发展还可以促进个体的创新能力和适应能力。在跨文化工作环境中，不同文化背景的人们有着不同的思维方式和观点，个体需要不断面对新的挑战和问题，寻找解决方案并做出调整，有助于培养个体的创新思维和解决问题的能力，提高其在职业发展中的适应性和灵活性。

综上所述，跨文化生涯发展既面临挑战，也存在机遇。克服语言和沟通障碍，理解和适应文化差异，建立良好的人际关系，有助于个体更好地适应和成功地在跨文化工作环境中发展。同时，多元文化体验、跨文化沟通能力、职业增长以及创新思维和解决问题能力等方面的机遇，为个体的职业发展带来了更广阔的前景。个体需要在跨文化工作环境中不断学习、适应和成长，以充分发挥自己的潜力，实现职业发展的目标。同时，组织和社会也应该为跨文化生涯发展提供支持和机会，创造良好的跨文化工作环境，共同推动个体和社会的发展。

第三节　跨文化生涯管理策略

一、策略与方法

跨文化生涯管理是指在多元文化的环境中管理和发展个体的职业生涯。在跨文化环境中，不同的文化背景、价值观和行为方式都会对个人的职业生涯产生影响。因此，跨文化生涯管理需要有一套适应不同文化的策略和方法。

首先，了解和尊重不同的文化是跨文化生涯管理的基础。不同的文化有不同的价值观和行为准则，了解和尊重不同文化的价值观、信仰、习俗和行为方式是跨文化生涯管理的基础，有助于个体更好地适应和融入新的文化环境。在进行跨文化生涯管理时，个体应该学习并尊重当地的习俗、礼仪和价值观，以避免冲突和误解。通过阅读书籍、参加培训课程和与跨文化团队合作等方式，积极学习和提高自己的文化敏感度，以便更好地理解和适应不同文化。学习所在国家的语言是适应新文化的关键，掌握基本的日常用语和商务用语有助于更好地与当地人交流和融入到当地的工作环境中。了解所在国家的文化差异，包括价值观、礼仪习惯和社交规则等，可以帮助个体更好地理解并尊重当地的文化，避免冲突和误解。

其次，建立跨文化的人际关系网络是跨文化生涯管理的重要策略之一。在跨文化环境中，人际关系网可以提供支持、资源和机会。个体应该主动与当地人建立联系，并积极参与社交活动和团体，通过与不同文化背景的人交往增加自己的视野，了解不同文化之间的差异和共同点。跨国机会和经验为个体的职业发展提供了更广阔的平台，积极获取和利用这些机会参与跨文化项目、跨国合作和海外工作等，可以扩大个体的视野，增加经验和技能。

第三，发展跨文化沟通能力是跨文化生涯管理的关键。在跨文化环境中，语言和文化差异可能会成为沟通的障碍。跨文化沟通技巧对于在跨文化工作环境中成功是至关重要的，包括了解不同文化之间的沟通风格、非语言语言和交际习惯，以及有效地运用适当的沟通方式和工具，避免误解和冲突。个体应该学习并掌握当地的语言，学习跨文化沟通技巧，如尊重对方的意见、倾听他人的观点和适应不同的沟通风格，有助于更好地了解其他文化，提升跨文化沟通的能力。

第四，适应性和灵活性是跨文化生涯管理的重要特质。在跨文化环境中，个体可能面临各种挑战和变化，包括文化冲突、适应新的工作环境和生活方式等。个体应该具备适应不同环境和变化的能力，并灵活调整自己的行为和期望。同时，个体还应保持积极乐观的态度，以应对困难和挑战。这意味着能够适应新的工作方式和环境，并灵活地调整自己的思维和行为方式。通过积极主动地参与团队活动、接受跨文化培训和经历文化交流可以提高适应性和灵活性。面对不同的工作文化和观念，个体需要保持开放的心态，接受新的想法和方法，并愿意学习和改进自己的工作方式。

最后，终身学习是跨文化生涯管理的重要原则。在不同文化环境中，个体应该持续学习，提升自己的技能和知识，包括学习当地的语言、文化和行为准则，以及不断发展自己的职业技能和跨文化管理能力。个体要积极关注和学习本国文化的变化，同时也要保持对其他文化的兴趣和学习，从而不断地提升跨文化能力。个体应该保持对行业和领域的最新知识和趋势的了解，并积极参与专业培训和发展计划，通过不断学习和成长更好地适应和应对跨文化环境中的挑战和机遇。

总之，跨文化生涯管理需要个体具备跨文化意识和跨文化能力。了解和尊重不同文化、建立跨文化人际关系网络、发展跨文化沟通能力、保持适应性和灵活性，以及进行终身学习，都是跨文化生涯管理的重要策略和方法。通过有效的跨文化生涯管理，个体可以在多元文化的环境中实现职业成功和个人发展。

二、案例分析

在全球化和多元文化的背景下，跨文化生涯发展变得日益重要。下面通过分析几个跨文化生涯发展的案例，探讨跨文化生涯发展的挑战、机遇和成功策略。

【案例一】李明的跨国职业发展之路

李明是一名中国籍的高级工程师，在一家跨国公司工作。由于公司在不同国家设有办事处，李明有机会在不同国家工作。他首先被派往美国办事处工作，面临着语言和文化上的挑战。然而，通过积极学习英语和深入了解美国文化，李明逐渐适应了美国的工作环境。在美国的几年后，他又被调到德国办事处，继续面对新的语言和文化挑战。李明学习了德语，并与德国同事建立了良好的工作关系。他的跨国职业发展之路得到了公司的认可，最终晋升为公司的区域经理。

这个案例展示了跨文化生涯发展的挑战和机遇。个体可以通过积极学习提升自己的语言水平，如参加语言培训课程或者找一位语言能力较强的同事交流学习。此外，还可以利用各种资源，如网络资料、书籍等。李明通过学习语言和文化逐渐适应了不同国家的工作环境，他的成功也证明了跨文化生涯发展可以为个人带来更广阔的发展空间。

【案例二】玛丽的国际志愿者经历

玛丽是一名来自英国的大学毕业生，对跨文化生涯发展充满热情。她选择参加一个国际志愿者项目，在非洲的一个贫困地区工作。在这个项目中，玛丽需要适应当地的生活方式、语言和风俗习惯。她与当地居民建立了紧密的联系，并积极参与社区发展和教育项目。通过这段经历，玛丽不仅提高了自己的跨文化交流能力，还获得了宝贵的国际工作经验。

这个案例展示了跨文化生涯发展的机遇。个体需要了解并尊重当地的文化差异，可以通过阅读相关的跨文化管理书籍、参加培训课程或者向同事请教等方式来增加跨文化意识，并尽量避免因文化差异导致的误解和冲突。通过参与国际志愿者项目，玛丽不仅为他人提供了帮助，还丰富了自己的经历和能力。这种跨文化经验对于她未来的职业发展将起到积极的推动作用。

【案例三】张亮的跨文化交流项目

张亮是一名中国企业家，他意识到在全球化时代，跨文化交流能力对于企业的成功至关重要，因此他决定组织一个跨文化交流项目，邀请来自不同国家的年轻人一起工作和学习。在这个项目中，参与者需要面对不同文化背景的团队合作和沟通挑战。通过共同工作和学习，他们学习了解、尊重和包容不同文化，提高了跨文化交流能力。

这个案例展示了跨文化生涯发展的挑战和机遇。个体需要适应新的工作环境，包括公司的组织文化、工作方式等，可以主动与同事进行交流，了解公司的规章制度和工作流程，并在工作中积极参与和贡献自己的力量。通过组织跨文化交流项目，张亮不仅促进了参与者的个人成长，也为企业打造了具有跨文化视野和能力的团队。

【案例四】刘刚的跨文化生涯发展

刘刚是一位年轻的市场营销专业毕业生，对跨文化工作环境和国际市场非常感兴趣。在大学期间，他积极参与国际交流项目，拓宽了自己的视野，并学习了多种语言和文化。

策略 1：文化敏感度和学习

刘刚意识到，在跨文化生涯发展中理解和尊重不同文化非常重要。因此，他通过阅读相关书籍、参加国际文化研讨会和与来自不同文化背景的人合作，提高了自己的文化敏感度，并学习了如何适应和融入不同文化。

策略 2：跨文化沟通技巧

刘刚意识到有效的跨文化沟通是成功的关键。他主动学习各种跨文化沟通技巧，包括注重非语言表达、有效倾听和尊重他人的观点。此外，他还参加了语言课程和国际商务交流活动，提高了自己的跨文化交际能力。

策略 3：跨国机会和经验

为了获得更多的跨文化经验，刘刚在大学毕业后申请了一份市场营销的实习工作，在一家跨国公司的海外办公室工作。通过这个机会，他能够与来自不同国家和文化背景的同事合作，了解国际市场的运作方式，并学习如何适应不同的商业环境。

策略 4：持续学习和发展

刘刚明白持续学习和发展对于跨文化生涯发展至关重要。因此，他始终保持对行业最新趋势和市场动态的了解，参加专业培训和研讨会，并积极寻求导师的指导。他还考虑攻读国际商务或跨文化管理的硕士学位，以进一步提升自己的知识和技能。

这个案例告诉我们，跨文化生涯发展需要个体具备良好的跨文化交流能力和适应能力。通过积极采取各种跨文化生涯发展策略，刘刚成功地在跨文化环境中实现了职业发展。他的文化敏感度和跨文化沟通技巧使其能够更好地适应不同文化，并建立起了广泛的人际关系。通过参与跨国机会和持续学习，他不断提升自己的职业能力和竞争力，最终使他在国际市场中取得了成功，成为一名优秀的跨文化专业人士。

第十章 生涯发展的趋势与挑战

随着技术的不断发展和革新，职业需求也在不断变化，技术的进步对各行各业都产生了深远的影响，同时也给生涯学带来了新的挑战和前景。全球化使得人们职业选择的范围更加广泛和多样化，不同国家和文化之间的交流和合作更加频繁，这种多元文化的工作环境对个体的生涯发展提出了新的要求。社会变革包括经济、科技、文化、政治等方面的改变，这些变化会直接或间接地影响个体的职业发展和人生选择。

第一节 技术发展对生涯发展的影响

一、数字化时代的到来

数字化时代的人们，生活和工作都离不开技术的支持。技术革新使得一些传统职业面临着淘汰的风险，许多机械化和重复性劳动将被机器和软件所取代，新兴的职业不断涌现。因此，人们在选择职业时需要关注技术的发展趋势，以及就业前景。

二、技术对职业需求的改变

技术的发展不仅改变了工作方式，也改变了对人才的需求。一些传统职业可能因为技术的替代而逐渐消失，从业人员面临失业风险，同时技术的发展又创造了全新的职业领域和就业机会。例如，随着人工智能、数据分析、云计算等新兴技术的发展，一些重复性劳动可能会被机器所取代，而对于数据分析和人工智能算法的开发则会有更高的需求。因此，人们在职业选择时需要关注技术对职业需求的影响。

三、技术创新带来机遇与挑战

技术的创新不仅带来了新的职业机遇，也带来了新的职业挑战。一方面，新的技术创新为人们提供了更多的职业选择。如电子商务、网络营销等。另一方面，技术的创新也使得一些传统职业面临失业风险。例如，自动化技术的进步使得一些工人面临就业困境。因此，个体需要通过不断学习和更新自己的技能，以适应技术发展带来的变化。同时，技术创新为自主创业提供了更多机会，通过互联网和电子商务平台，个体可以创建自己的企业，并利用技术来创新产品或服务。

四、技术进步改变学习和发展的方式

在线学习平台、虚拟培训和电子图书等使得个体可以随时随地获取所需的知识和技能，降低了学习的门槛并扩大了个体学习的机会。技术革新还改变了传统职业的工作方式和要求。例如，在许多行业中员工需要具备数字化和信息化的能力，能够熟练运用各种软件和工具。因此，生涯学需要帮助个体不断提升技术能力，以适应职业发展的需求。同时，社交媒体和在线专业平台提供了自我推广和展示个人能力的机会，个体可以通过在线平台展示自己的成就、技能和专业知识，建立个人品牌，吸引潜在雇主或客户的注意。

五、技术对职业发展的要求

随着技术的进步和应用的普及，许多行业都需要个体具备一定的技术能力，以适应不断变化的工作环境和需求。技术能力已经成为必备的职业素质之一。个体可以通过参加培训课程、自学、参与项目等方式来提升技术能力，保持与职场需求同步，为职业发展打下坚实的基础。

六、技术对职业发展的辅助作用

技术的发展为职业发展提供了许多辅助工具和平台。例如，网络技术的发展打破了地域限制，使得远程办公成为可能，同时，互联网的普及也为人们提供了更多的职业发展机会，如自由职业者、网络创业等。

七、技术革新促进跨国合作和全球化

技术发展缩小了国际间的距离，促进了全球化和跨国合作。个体可以通过远程会议、在线协作工具和社交媒体与来自不同国家和文化背景的人进行交流和合作，为个体提供了参与全球项目和国际合作的机会，拓宽了视野，丰富了经验使得创业者能够更加灵活地开展业务，与全球范围内的客户或合作伙伴进行交流和合作。

综上所述，技术发展对生涯发展产生了广泛而深远的影响。生涯学需要关注技术革新对传统职业的影响，同时也需要关注新兴职业的发展趋势和就业机会。个体要善于利用技术的辅助作用，为自己的职业发展创造更多的机会和可能性。只有与技术发展保持同步，个体才能在激烈的职业竞争中立于不败之地，更好地实现生涯目标。

第二节　多元文化对生涯发展的影响

随着全球化的加速发展和经济结构的不断变化，职场环境也在不断变革，职业竞争变得更加激烈，全球化和多元文化对生涯发展产生了广泛的影响，生涯发展面临着新的挑战和机遇。

一、职业选择的多样性

全球化使得职业选择的范围更加广泛和多样化。传统上，人们更倾向于在本国寻找就业机会，但是随着全球经济的一体化，跨国公司的兴起以及国际间的交流与合作增多，人们可以选择在不同国家和地区发展职业，给予人们更多的选择空间和发展机会，也要求个体具备跨文化沟通和适应能力。同时，全球化带来了

全球市场的扩大和需求的变化。企业越来越需要具备跨文化背景和跨国工作经验的人才，多语言能力和文化适应能力成为职业发展的优势。此外，随着全球经济的波动和市场变化，个体的职业发展也面临着风险和不确定性，职业选择和发展的路径受到全球经济形势、政策变化、行业危机等因素的影响，个体需要灵活应对，及时调整职业规划和发展方向。

二、跨文化交流与合作

全球化使不同国家和文化之间的交流和合作更加频繁，人们可以通过跨国企业、国际组织或者自主创业等方式进入全球化的职业领域，拓宽职业发展的路径。具备跨文化沟通和合作能力的个体更容易融入团队并取得成功。对于那些能够理解和尊重不同文化观念的人来说，与不同背景的人合作的机会更多，能够更好地解决文化差异带来的挑战。全球化机遇不仅为个体的职业发展提供了更多选择，还能够促进知识和技能的跨文化交流，提高个体竞争力和职业发展的广度和深度。

三、跨国移民的增加

全球化带来了人员的跨国流动，越来越多的人选择在其他国家寻找工作和生活机会。跨国移民的增加给个体的生涯发展带来了新的选择和挑战。在新的国家和文化环境中生活和工作，需要个体具备适应和融入新环境的能力，同时也面临着语言和文化障碍，需要通过学习和适应来提升竞争力。

随着全球市场的融合和交流，越来越多的职业机会和发展空间在不同国家和地区涌现。在全球化时代，拥有跨国工作经验和对多元文化环境的适应能力对于职业发展至关重要。通过在国际组织、跨国公司或海外项目中工作，个体可以获得宝贵的跨文化经验，开拓自己的职业发展道路。

四、多元文化的工作环境

全球化使得工作环境变得更加多元化，不同文化背景的人在同一个组织中共同工作，对个体的生涯发展提出了新的要求。个体需要具备跨文化团队合作的能力，学会与不同文化背景的同事协作和解决问题。

在全球化的背景下，个体需要具备跨文化适应能力和全球意识，了解不同国家和地区的文化、法律、经济等情况，以应对不同环境下的职业挑战和变化。通过与来自不同文化背景的人合作，个体可以接触到不同的观点和思维方式，从而激发创新的想法。此外，多元文化社会中存在着各种各样的需求和市场空缺，为个体提供了创业的机会。

五、全球化对教育的影响

全球化的发展对教育领域产生了深远的影响。在全球化背景下，人们需要具备更多的知识和技能来应对不断变化的职业需求。教育机构需要重新审视教育目标和教学方法，培养具备全球化素养和跨文化能力的人才。

全球化环境鼓励个体与不同背景的人交流和互动。这种交流可以促进个体的成长和学习，增进对不同文化的理解和尊重。通过与国际团队合作，个体可以拓宽视野，提高全球意识和文化敏感度。全球化还加速了技术的更新换代，个体需要不断学习和适应新技术，保持竞争力，积极适应职业转型，以应对全球化带来的挑战。

综上所述，全球化和多元文化对生涯发展产生了积极的影响，为个体提供了更多的职业机会、跨文化交流和合作的平台，促进了创新和创业，个体应积极适应和利用全球化和多元文化的发展趋势，以便实现自己的职业目标。教育机构和组织也需要重视跨文化教育和管理，为个体提供更好的发展机会和支持。随着全球化的不断推进，生涯发展将面临更多的挑战和机遇，需要个体和社会共同努力来应对。

第三节 社会变革对生涯发展的影响

随着社会的不断发展和变革，生涯发展也受到了深刻的影响。社会变革包括经济、科技、文化、政治等，会直接或间接地影响到个体的职业发展和职业选择。

一、职业机会的变化

随着经济发展和结构的调整，不同职业的需求发生了变化。一些传统行业逐渐衰退，一些新兴行业快速崛起。个体需要积极关注社会变革的趋势，抓住新的职业机会，灵活调整职业发展方向。此外，经济发展还会导致工作形态的变化，如自由职业者、远程办公等新兴工作方式的出现，也为个体的生涯发展提供了更多的选择。

二、技能需求的变化

社会变革通常伴随着技能需求的变化。个体需要持续学习和发展技能，以适应社会变革带来的新的职业要求。个体在选择职业时需要考虑到这些变化，并做出相应的调整，灵活、快速地学习，从而找到适合自己的职业发展路径。

三、跨学科和终身学习

社会变革促使各个领域之间交叉和融合。个体需要具备跨学科的能力，能够跨越不同领域进行思考和创新。此外，社会变革也强调了终身学习的重要性，个体需要不断更新知识、学习新技能，以适应不断变化的社会需求。随着社会的进步，教育体系也在不断变革和完善。教育的改革不仅会影响个体的学习方式和内容，也会对职业教育和培训提出新的要求。个体在生涯发展中需要有不断学习和更新知识的意识，并通过不同的教育途径来提升自己的职业竞争力。

四、职业发展的多样性

社会变革通常带来职业发展的多样性。个体可以选择更灵活的工作方式，如自由职业、远程工作等，也可以在不同行业间转换职业。社会变革提供了更多的选择和机会，个体可以根据自身兴趣和价值观进行职业规划和发展。

五、融入社会责任

社会变革改变了个体对职业发展的期望和需求。越来越多的人关注企业的社会责任和可持续发展，希望从事有意义的工作，对社会产生积极的影响。因此，在职业发展中，个体要考虑自己的价值观，并将社会责任融入到职业选择和发展中。

　　综上所述，社会变革对生涯发展有着重要且深远的影响。个体需要密切关注社会变革的趋势，灵活调整职业规划和发展方向，不断学习和发展技能，以适应社会变革带来的新机遇和挑战。此外，个体还需要保持积极的心态和开放的思维，以应对不确定性和挑战，实现自身的生涯发展目标。

第十一章　生涯学研究前沿与展望

随着社会的发展和人们对职业发展的需求不断增加，生涯学作为一个新兴的学科领域，热点和趋势不断演变，紧跟社会的发展和改变。跨学科研究与合作可以促进各学科之间的知识交流、理论互补和方法创新，提高生涯学的综合性和实用性，对于推动生涯学的发展至关重要。未来生涯学的发展方向将面临着全球化、技术革新和个体化的挑战与机遇，更加注重个性化、数据驱动、终身学习和职业幸福等方面。

第一节　生涯学的研究热点趋势

生涯学是研究个体在不同阶段的人生所做的规划选择和职业发展的学科。在当前的研究中，有几个热点问题成为了生涯学领域的关注焦点，并且也成为了未来研究的重要趋势。

一、职业发展的多样性研究

随着社会的变革和发展，职业发展的模式和路径变得越来越多样化。不再是传统的线性职业发展模式，而是呈现出多元的特点。因此，研究者开始关注职业发展的多样性和包容性，包括性别平等、种族平等、文化差异、身份认同等，并探索不同职业发展模式的特点、影响因素以及其对个体发展和组织管理的意义。研究人员致力于理解和促进不同群体在职业发展中的平等机会和公平对待，以及如何处理和克服由这些因素带来的挑战。

二、跨文化生涯发展的研究

随着全球化进程的加快和跨国企业的兴起，跨文化生涯发展成了一个热门的研究方向。研究者开始关注不同文化背景下个体的生涯发展经历和策略，并探索跨文化生涯发展的挑战与机遇，同时也致力于寻找适应跨文化环境的生涯发展策略和方法。随着全球化的不断加深，跨文化背景和全球意识对职业发展至关重要，研究者研究如何在跨文化环境中发展职业，跨国工作经验对职业发展的影响，以及如何培养跨文化敏感度和跨国工作能力。

三、技术对生涯发展的影响研究

随着信息技术的快速发展和普及，技术和数字化对职业和就业的影响越来越大，技术对生涯发展产生了深远的影响。研究者开始关注技术在职业选择、职业发展和生涯规划等方面的应用，探索个体在数字化时代的就业机会、技能要求和职业前景，关注技术对个体生涯发展的促进作用，并研究使用技术和数字工具来支持职业发展决策和规划的方法。

四、生涯发展与社会变革的关系研究

社会变革对个体的生涯发展产生了重要影响。研究者开始关注社会变革对职业发展机会和职业需求的影响，分析社会变革对个体生涯发展路径和策略的影响，并探索个体如何适应和应对社会变革带来的挑战。创业和自主性职业发展的兴起成为研究的热点，研究者探索了创业精神、创新能力和自主性职业发展对个体的影响，以及如何在创业过程中提供支持和资源。研究者开始更多地关注职业与个体健康和幸福之间的关系，研究工作满意度、工作和生活平衡、心理健康和幸福感等方面，以帮助个体实现职业和生活的整体幸福。

五、生涯辅导和咨询的创新研究

生涯辅导和咨询一直是生涯学领域的重要研究方向。在现代社会中，生涯辅导与咨询是帮助个体更好地认识自己、理解环境，做出职业选择和生涯决策的重要方式。但随着社会发展和技术进步，传统的辅导模式逐渐显示出其局限性，已经无法满足个体的需求，这促使学者和实践者对生涯辅导的方式进行深入的思考和创新，并开始探索新的生涯辅导和咨询方法，如在线辅导、智能化辅导等，并研究这些方法对个体生涯发展的影响和效果。

六、生涯教育与发展的实证研究

生涯教育是指通过教育手段提升个体的生涯发展能力和职业竞争力。研究者开始关注生涯教育的实施策略和效果评估，采用实证研究方法对参与生涯教育的个体进行跟踪调查、问卷调查、访谈等，来评估生涯教育的效果。评估的指标包括个体的职业发展能力提升程度、就业情况、职业满意度等。通过这些研究可以验证不同生涯教育方法的有效性，为生涯教育的发展提供科学依据。

总的来说，生涯学研究的热点和趋势不断演变，紧跟社会的发展和改变。当下生涯学的研究热点与趋势主要集中在职业发展的多样性、跨文化生涯发展、技术对生涯发展的影响、生涯发展与社会变革的关系、生涯辅导和咨询的创新研究以及生涯教育与发展的实证研究等方面。这些热点问题的研究将有助于深入理解个体的生涯发展过程和规律，为个体的职业规划和组织的人力资源管理提供科学依据，对于个体的职业发展和生涯规划有着重要的启示和指导作用。

第二节 跨学科生涯研究与合作

生涯学作为一个涉及心理学、教育学、社会学、经济学、人力资源管理等多种学科的研究，需要进行跨学科的研究与合作，通过各学科之间的知识交流、理论互补和方法创新，提高生涯学的综合性和实用性，对于推动生涯学的发展至关重要。

一、心理学与生涯学的跨学科研究与合作

心理学是生涯学的重要基础学科，两者之间存在着密切的联系和相互影响。心理学为生涯学提供了许多重要概念和理论，如职业选择理论、职业发展理论和生涯规划理论等。同时，生涯学也为心理学提供了实践场景和应用需求，促进了

心理学的发展和应用。心理学与生涯学的跨学科研究与合作可以深化对个体内在因素和外在环境对生涯发展的影响的理解，丰富生涯咨询和辅导的理论与实践。

心理学在生涯学中扮演着重要角色。研究者通过心理测量和评估，探索个体的职业兴趣、职业适应能力、职业决策过程等方面的心理机制。同时，心理学也关注职业发展中的心理困境和问题，如职业焦虑、工作满意度等。

二、教育学与生涯学的跨学科研究与合作

教育学是生涯学的重要应用领域，两者之间存在着紧密的联系和相互促进。教育学研究了个体在不同教育阶段的学习和发展过程，而生涯学则关注个体在不同阶段的职业发展和生涯规划。教育学为生涯学提供有关学校生涯教育和发展的理论和实践经验，生涯学则为教育学提供个体的职业发展需求和学习动机的研究方向。教育学与生涯学的跨学科研究与合作可以促进学校生涯教育的发展和实践，提高学生的职业适应能力和终身学习能力。

教育学的研究和实践与生涯学密切相关。它研究教育系统如何为学生提供职业规划和发展支持，包括职业咨询、职业导航、学科选择等方面。此外，教育学还关注学校和教育环境对职业发展的影响。

三、社会学与生涯学的跨学科研究与合作

社会学是研究社会结构和社会行为的学科，与生涯学的研究对象和方法有许多共同之处。社会学研究了个体在社会背景下的职业选择和发展过程，而生涯学则更关注个体在职业发展中的心理和行为特点。社会学可以为生涯学提供有关社会结构和文化对职业发展的影响的理论和实证研究，而生涯学则可以为社会学提供个体职业发展和生涯规划的实践案例和经验。社会学与生涯学的跨学科研究与合作可以深化对职业发展与社会结构、文化之间关系的理解，为个体的职业发展提供更好的社会支持。

社会学家研究社会结构、社会变迁对职业选择和发展的影响，关注社会阶层、社会网络、社会资本等与职业发展相关的因素，以理解个体在特定社会背景下的职业决策和职业机会。

四、经济学与生涯学的跨学科研究与合作

经济学是研究资源配置和经济行为的学科，与生涯学的研究对象和方法也存在着一定的联系。经济学研究了个体在经济背景下的职业选择和发展过程，而生涯学则更关注个体在职业发展中的心理和行为特点。经济学为生涯学提供有关职业市场和劳动力需求的理论和实证研究，而生涯学则为经济学提供个体职业发展和生涯规划的实践案例和经验。经济学与生涯学的跨学科研究与合作可以深化对职业发展与经济背景、劳动力市场之间关系的理解，为个体的职业发展提供更好的经济支持。

经济学家研究劳动力市场、就业趋势和职业收入等经济因素对职业发展的影响，通过分析职业需求、行业发展趋势等来为个体提供有关职业选择和职业规划的信息。

总之，生涯学的跨学科研究与合作对于推动生涯学的发展和应用具有重要意义。心理学、教育学、社会学和经济学等多个学科的交叉融合和互相借鉴可以促进对职业选择、职业发展和生涯规划等问题更全面深入的研究，为个体的生涯发展提供更有效的支持和指导。此外，生涯学的跨学科研究与合作还可以促进学科之间的知识交流和合作，推动生涯学的理论与实践创新，为个体的职业发展和社会的人力资源开发做出更大的贡献。

第三节 生涯学的未来发展方向

随着社会的不断变化和发展，生涯学的研究也在不断深入和扩展。生涯学作为一门研究个人职业发展和生涯决策的学科，随着社会的不断变化和职业环境的快速演变，以满足人们对于职业规划、发展和管理的需求，其未来发展面临着一系列挑战和机遇。生涯学的未来发展方向可能包括以下几个方面：

一、跨文化和跨国职业发展

全球化对生涯学的发展产生了深远影响，未来的生涯学需要更加关注全球职场的需求和趋势，关注多元文化环境下的职业发展挑战和机会，关注不同文化背

景下的生涯规划和管理策略，并探索如何在全球化背景下培养跨文化交流和国际化背景的人才，提供更全面的职业规划和咨询服务。生涯学将研究不同文化背景下的职业价值观、职业选择模式以及跨文化沟通与适应能力等问题，帮助个体在跨文化环境中实现职业成功和发展。

二、数据驱动的职业规划

技术革新对生涯学的发展带来了新的机遇和挑战。随着技术和数据的不断进步，传统职业的面貌正在发生巨大变化，未来生涯学需要更加关注新兴行业和职业，培养具备创新能力和适应能力的人才，更多地利用大数据和人工智能技术来提供个性化的职业规划建议，实现生涯信息的快速获取和精准分析，为个体提供更好的生涯发展支持。同时，生涯学还将利用虚拟现实和增强现实等技术，为个体提供更真实、沉浸式的职业体验和培训，技术应用也为生涯学的研究提供了更多的数据来源和研究工具，推动生涯学的理论和实践创新。

三、跨学科研究的推进

生涯学作为一个交叉学科，将继续借鉴其他学科的理论和方法，进行更深入的研究。例如，生涯学可以与心理学、教育学、社会学、人力资源管理等学科合作，探索职业选择、职业发展和生涯规划的内在机制和影响因素。跨学科研究能够提供更全面的视角和深度的理解，可以更全面地理解个体在职业发展过程中的需求和挑战，为其提供更有效的支持和指导，有助于解决生涯学研究中的复杂问题。此外，跨学科合作还可以促进不同学科之间的知识交流和资源共享，推动生涯学的发展。未来，生涯学可能会与教育领域更密切地结合，探索创新的教育模式和方法，帮助学生在学校阶段就开始进行职业规划和发展，包括提供更早的职业导航、实践机会和职业技能培训。

四、面向终身的职业发展

由于职业环境的不断变化，未来的职业发展将更加注重终身学习和适应能力。生涯学将更关注如何帮助个体在不同阶段进行职业转型和发展，促进职业可持续性和灵活性。每个人都有不同的职业需求和发展目标，未来的生涯学需要更加关注个体的差异性，提供个性化的职业规划和咨询服务。同时，由于职业环境的不断变化，人们需要终身学习和不断提升自己的能力，生涯学将借助互联网和移动技术，开展在线生涯教育和辅导，提供更便捷、灵活的服务，帮助人们实现持续学习和职业成长。

五、职业幸福和社会责任

随着社会的变革，职业结构、劳动力市场、教育体系等方面都发生了巨大的变化，生涯学将更加关注个体的社会责任和职业道德，强调职业目标与社会价值的结合。生涯学将鼓励个体在职业发展过程中积极追求社会公益、环境保护和可持续发展，帮助个体实现自我发展的同时，为社会做出积极贡献。生涯学将致力于培养具有社会责任感和职业道德的职业人才，并推动企业和组织在生涯管理中更加关注社会责任。未来，生涯学可能会更加关注个体在职业中的幸福感和工作满意度。研究者可能会探索如何帮助个体实现工作和生活的平衡、理想的职业环境以及心理健康和幸福感的提升。

综上所述，未来生涯学的发展方向将面临着全球化、技术革新和个体化的挑战与机遇，更加注重个性化、数据驱动、终身学习和职业幸福等方面。生涯学应紧跟时代的步伐，不断地深入研究和创新实践，通过整合技术、教育和多学科研究的成果，为个体提供更精准、全面的职业发展支持，帮助人们实现职业目标和个人价值的最大化。

参考文献

[1] 教育部思想政治工作司组编.大学生思想政治教育与管理比较研究 [M].北京：高等教育出版社，2010.

[2] [瑞士] 荣格.红书 [M].〔英〕索努·沙姆达萨尼编译，周党伟译，北京：机械工业出版社，2017.

[3] [美] 伊莎贝尔·迈尔斯，彼得·迈尔斯.天生不同：人格类型识别和潜能开发 [M].闫冠男 译，北京：人民邮电出版社,2016.

[4] [美] 罗伯特· S. 费尔德曼.发展心理学 [M].苏彦捷 等译，杭州：浙江教育出版社，2021.

[5] [美] 萨维科斯.生涯咨询 [M].郑世彦，马明伟，郭本禹译，重庆：重庆大学出版社，2015.

[6] [美] 黛安娜·苏柯尼卡等.职业规划攻略 [M].边珩 等译，北京：化学工业出版社，2014.

[7] [美] 赛缪尔· H. 奥西普，路易丝· F. 菲茨杰拉德.生涯发展理论 (第四版)[M].顾雪英，姜飞月等译，上海：上海教育出版社，2010.

[8] [美] 加里·德斯勒，〔新加坡〕陈水华.人力资源管理 (亚洲版第 2 版)[M].赵曙明，高素英译，北京：机械工业出版社，2013.

[9] [美] 安妮塔·伍尔福克.教育心理学（第 14 版）[M].陈红兵，张春莉译，上海：华东师范大学出版社，2022.

[10] [美]E. H. 施恩.职业的有效管理 [M].仇海清译，北京：生活·读书·新

知三联出版社,1992.

[11] [美] 杰弗里·H. 格林豪斯、杰勒德·A. 卡拉南、维罗妮卡·M. 戈德谢克著. 职业生涯管理 [M]. 王伟译, 北京：清华大学出版社, 2006.

[12] [英] 彼得斯. 道德发展与道德教育 [M]. 邬冬星译, 杭州：浙江教育出版社, 2000.

[13] [美] 彼得森, 冈雷萨斯. 职业咨询心理学：工作在人们生活中的作用 [M]. 时堪等译, 北京：中国轻工业出版社, 2007.

[14] [美] 杰拉尔德·柯瑞. 团体咨询的理论与实践 [M]. 方豪等译, 上海：上海社会科学院出版社, 2005.

[15] [美] 理查德·S. 沙夫. 生涯发展与规划：人生的问题与选择 [M]. 周黎明译, 北京：中国人民大学出版社, 2012.

[16] [美] 贝尔德. 心理学 [M]. 宋玉萍等译, 北京：中国人民大学出版社,2013.

[17] [美] 奥斯本, 赞克. 生涯测评结果分析与应用 [M]. 阴军莉 译, 北京：中国劳动社会保障出版社,2014.

[18] [英] 迈尔斯. 心理学：第 7 版 [M]. 黄希庭译, 北京：人民邮电出版社,2006.

[19] [美] 柯尔伯格. 道德教育的哲学 [M]. 魏贤超, 柯森等译, 杭州：浙江教育出版社, 2000.

[20] [日] 村上龙. 工作大未来：从 13 岁开始迎向世界 [M]. [日] 滨野由佳绘, 李婷译, 北京：东方出版社, 2013.

[21] [美] 詹逊. 成功职业生涯的自我营销 [M]. 陈颖峰译, 厦门：厦门大学出版社,2008.

[22] [美] 路桑斯. 心理资本 [M]. 李超平译, 北京：中国轻工业出版社, 2008.

[23] [美] 萨克尼克, 班达特, 若夫门. 职业指导：职业生涯规划教程 [M]. 李洋, 张奕, 小卉译, 北京：中国劳动社会保障出版社, 2005.

[24] 刘平青, 陈云泉等. 职业生涯与人生规划 [M]. 北京：北京大学出版社,2014.

[25] 李钺. 寻找你自己：大学生自我认同的四个向度 [M]. 北京：九州出版

社 ,2022.

[26] 盛跃明 . 思想政治教育转型论：现代性的观点 [M]. 北京：人民出版社 ,2015.

[27] 王达苗 . 职业生涯起跑：大学生职业发展及就业指导研究 [M]. 北京：科学技术文献出版社 , 2022.

[28] 冉军 . 职业生涯管理 [M]. 北京：科学出版社 ,2012.

[29] 董鹏中 . 职业生涯规划 [M]. 北京：高等教育出版社 ,2017.

[30] 杨炜苗 . 大学生职业生涯规划与就业指导 [M]. 北京：清华大学出版社 ,2020.

[31] 李俊琦，熊春燕，温君慧 . 职业素质与就业能力训练 [M]. 北京：清华大学出版社 ,2021.

[32] 彭剑锋 . 人力资源管理概论 [M]. 上海：复旦大学出版社，2018.

[33] 袁振国 . 教育新理念 [M]. 北京：教育科学出版社，2022.

后　记

在写下这篇后记之前，笔者不禁想起创作《生涯学》的初衷。多年前，当笔者为人生迷茫时，才意识到个体需要更深入地了解并探索生涯的意义和发展。于是，笔者决定将自己的生涯学习和研究心得与读者分享，希望能够帮助更多的人找到人生方向。

写作本书是一段艰辛而充实的旅程，也是笔者个人生涯规划中的一部分。通过写作，笔者不仅深入研究了生涯学这一领域，也对自己的人生发展有了更清晰和明确的认识。希望本书能够为读者带来启示和帮助，成为读者人生道路上的指南针，让读者在职业和生活中能够找到真正的快乐。

生涯学作为一门独特而重要的学科，关乎每个人的人生发展与成长。它并不局限于职业生涯，而是探讨个体在整个人生过程中的成长、发展和决策。在理论研究方面，生涯学通过深入研究个体的生涯发展过程和相关因素形成了一套完整的理论体系，包括职业选择理论、职业发展理论、生涯规划理论和生涯发展理论，对于理解个体生涯发展的规律、影响因素以及如何做出职业和生活方面的决策都非常有价值。需要指出的是，这些理论之间并不是互相割裂，而是相互融合、紧密结合的。随着社会和职业环境的变化，未来的生涯学理论也将不断发展和完善。

在实践应用方面，生涯学通过丰富的实践案例将理论与实际相结合，为个体提供了实际的指导和建议，帮助人们更好地认识自己，了解职业和教育选择的可能性，制订符合自身发展需求的目标，并采取相应的措施实现这些目标。生涯学与心理学、教育学、管理学等学科紧密相关，借鉴了不同学科的理论和方法，形成了独特的研究途径和视角。生涯学的交叉学科特性使其能够从多个层面和角度来分析个体的发展和决策，促进了多学科研究的融合。

总之，生涯学作为一门独立的学科，具有重要的学科价值，其理论研究和实践应用为个体的生涯发展提供了指导和支持，同时也促进了多学科研究的融合和交流。希望生涯学能够得到更多的重视和研究，为个体的生涯发展提供更加全面和深入的支持。

本书的诞生离不开学术界众多前辈的指导和启发，他们的研究成果让笔者受益匪浅。同时，本书在写作过程中吸收了有关专家和学者的研究成果，也参考了互联网上的一些资料，尽管列举了参考文献，但恐有遗漏，谨向被遗漏的参考文献作者表示歉意与谢意。

最后，再次感谢所有支持和鼓励笔者的人们，没有你们的陪伴和支持，这本著作将无法完成。笔者也希望能够听到读者对这本书的反馈和意见，让我们一起不断改进和完善这本著作，为更多人的生涯发展贡献一份力量。

祝愿大家找到属于自己的生涯道路，实现人生价值！

黄东显 刘婷婷
2023 年 9 月于武汉东湖之滨